KB185908

페북 스타가 된 소녀들

페북 스타가 된 소녀들

김애라 지음

현실문화

차 례

디지털 10대 여성의 출현

아이폰3GS가 처음 한국에 출시되던 날, 나는 한 통신사 대리점 앞 긴 줄 어딘가에 서 있었다. 박사 과정 시작을 앞두고 있던 초겨울이었다. '스마트폰'을 처음 손에 넣고 가장 먼저 한 일은 길을 걸으며 온라인에 접속해 본 것이었다. 핸드폰으로 메일과 포털 사이트에 접속하고 문자 메시지가 아닌 메신저 앱으로 '공짜로' 누군가와 대화를 나눌 수 있다니! 트위터, 페이스북 같은 앱은 또 어떤가! 드디어 한국에서도 그 소문만 무성한 트위터와 페이스북을 사용해 볼 수 있게 되었다.

나는 그날 당장 트위터와 페이스북 앱을 설치했다. 이 앱들을 사용하려면 다소간의 공부가 필요했다. SNS라니? 포털 검색 엔진이나 게시판 형태의 사이트가 웹의 기본이던 때 트위터는 도대체 어디에서 누군가의 글을 어떻게 읽을 수 있는지조차 알기 어려운, 완전히 새로운 서비스였다. 아직 아무도 팔로우하지 않은 나의 타임라인에는 읽을 수 있는 것이 없었고, 트위터의 파랑새는 자꾸만 나에게 오늘은 무슨 일이 있었는지 알려달라고 재촉했다.

트위터와 페이스북은 소셜 네트워크 서비스(SNS)를 제공하는 온라인 플랫폼이다. 말인즉, 이 서비스를 이용하려면 SNS상의 친구가 필요하다는 뜻이다. 당시 나는 내 주변인들에 비해 스마트폰도, 소셜 미디어도 꽤 빠르게 시작했다. 덕분에 볼거리가 있는 타임라인을 만드느라 팔로우할 사람들을 찾는 등 애를 써야만 했다. 몇 개월이 지난 뒤 점차 나의 실친(실제 친구)들을 포함해 많은 사람이 SNS를 시작했다. 트위터가 가장 먼저 높은 인기를 구가했고, 이어 페이스북의 인기가 이어졌다.

어른들이 트위터에서 시사에 관해 토론하고 오피니언 리더들을 가까이에서 '팔로우'하는 즐거움에 빠진 사이, 페이스북의 인기를 주도한 것은 10대였다. 어른들이 신문물을 더듬더듬 사용하는 동안 10대는 이 새로운 공간을 빠르게 접수했다. 나는 페이스북에서 어떤 인맥들을 타고 몇몇 10대의 게시글을 볼 수 있었다. 다이어트에 관한 기록, 친구와 함께 먹은 떡볶이 사진, 수많은 셀피, 연애하는 사람과의 친밀한 사진까지. 그들은 자신들의 일거수일투족을 사진으로 기록해 모든 사람에게 보여주고 있었다. 물론 20대였던 나와 나의 친구들도 페이스북에 기억하고 싶은 일상 혹은 보통의 일상을 공유하고 '좋아요'를 눌렀다. 하지만 10대의 '페이스북 하기'는 어른 세대와는 질적, 양적으로 달랐다. 업로드, '좋아요'와 댓글 달기, 공유하기 등의 페이스북 활동 자체가 무척 빈번했다. 그들의 활동이 너무 잦아서 내 타임라인은 나의 10대 친구들의 활동으로만 채워져 있을 정도였다.

10대 여성의 왕성한 '소셜 미디어 하기'에서 나를 이 연구로 이끈 것은 두 가지 때문이었다. 우선 그들은 스스로를 보여주는 데 거리낌이 없었다. 특히 10대 여성은 모두가 아름다웠고 섹시해지고 싶어 하는 것처럼 보였다. 하루에도 여러 장의 셀피가 업로드되었다. 모두 화장한 얼굴이었고 종종 교복이든 사복이든 꼭 끼는 옷을 주로 입어 가슴을 부각했다. 그들은 스스로를 당대에 매력적이라고 여겨지는 여성으로 재현하고 있었다. 10대 여성에게 성적 매력이라니, 모두가 화장을 하고 있다니, 세상이 이렇게 빨리 변했나? 10대 여성이 스스로에 대해 이야기하고 있는 장이 무척이나 흥미로우면서도 유독 이성애적 여성성을 뿜어내고 있는 모습을 보면서는 좀 복잡한 마음이 들었다.

또 다른 하나는 그들이 너무 많은 정보를 공유한다는 점이었다. 특히 패션과 뷰티에 관한 정보를. 화장품이나 컬러 렌즈, 가슴을 부각하는 크롭탑의 구매처, 각종 성형 정보를 공유하고 있었다. 혹은 자신이 인터넷을 돌아다니다가 발견한, 특히 예쁘다고 생각하는 여성의 셀피를 적극적으로 공유하기도 했다. 이들은 학교 친구이기도 했지만 '얼짱'이나 '페북 스타'였다.

10대 여성의 타임라인이 왜 그렇게 구성되고 있는지 천천히 관찰했다. 그들이 신경 쓰고 있던 것은 자신과 자신의 친구들에게 페이스북 친구는 몇 명인지, 친구 수가 많은 친구와 친구를 맺고 있는지, '좋아요'와 댓글은 얼마나 달리는지 같은 것이었다. 나중에 돌이켜 생각해 보니 10대 여성은 소셜 미디어가 무엇을 중심으로 돌아가는지 모든 세대 중에서 가장 빠르게 알았다. 바로 관심과 명성이었다. 지금은 모두가 알고 있는 것이다. 인터넷의 미덕이 익명성에서 '전시'로, 나아가 '관심'으로 바뀌는 데는 오래 걸리지 않았다. 그리고 이 관심은 오늘날 인플루언서의 광고 마케팅에서부터 '사이버 렉카'의 극단적인 호기심 몰이에 이르기까지 돈을 벌기 위한 수단으로 사용된다.

이 책은 소셜 미디어 플랫폼이 새로운 문화와 경제의 중심이 되기 시작한 2010년대 초반에서 중반 사이 10대 여성의 놀이와 노동에 관한 현장 연구서다. 나는 당대 10대 여성과 그들의 놀이 노동의 장(場) 가까이에 몇 년간 머물면서 디지털 자본주의가 어떻게 우리 일상에 완벽히 침투해 들어오고 있었는지 지켜봤다. 디지털 자본주의로 전환되는 과정에서 탄생한 꿈의 직업인 유튜버, 혐오를 자원으로 삼은 플랫폼 비즈니스 등이 어떻게 태동하고 작동할 수 있게 되는지도 목격했다.

10대 여성은 유튜버 등 인플루언서의 영향력이 오늘날 만큼 막강하기 전, 그리고 그것이 청소년의 장래 희망이 되기 직전 그 시류의 선두에 있었다. 이들은 소셜 미디어라는 뉴미디어를 가장 빠르게, 그리고 열정적으로 사용했고, 곧 소셜 미디어 문화와 시장의 주체로 등장했다. 이 여성들은 소셜 미디어 마케팅이 갓 태동하던 때, 페이스북을 이용한 플랫폼 기반 비즈니스의 주요 소비자이자 마케터였다. 소셜 미디어를 갖고 놀며 콘텐츠를 생산하고 인플루언서를 만들고 또 스스로 인플루언서로 성공했다. 당대 10대 여성은 학교 친구들과의 온라인 네트워킹에서 시작해 인플루언서와 콘텐츠, 각종 광고, 상품 후기 등을 매개로 온라인 친구를 만들어나갔다. 이들은 유용하다고 생각하는 정보나 더 많은 사람에게 알리고 싶은 내용을 부지런히 퍼 날랐고, 이에 관해 온오프라인의 친구들과 이야기했다.

이들은 점차 비슷한 피드를 공유하는 여성들과 '친구'가 되었다. 이 친구 네트워크는 점차 늘어 강남역 살인사건이나 미투운동 등 젠더 이슈에 관한 뉴스와 입장을 공유하며 '온라인 페미니스트 네트워크'로 확장되기도 했다. 2016년 '강남역 살인사건'에 대한 분노를 도화선으로, #미투운동과 '불편한 용기'의 불법 촬영 편파 수사 규탄 시위(혜화역 시위), 탈코르셋 운동에 이르기까지 가부장제와 성차별에 맹공을 퍼

부었다. 소셜 미디어라는 개인화된 미디어를 어떻게 사용해야 하는지 잘 알았고, 특별한 조직도, 모임도 없이 강력한 담론을 만들어냈다. 2010년대의 10대, 2020년대의 20대 청년 세대 여성들은 소셜 미디어를 매개로 한 시장과 광장 모두를 만들어낸 것이다.

이 책에서는 10대 여성의 새로운 놀이와 노동의 조건을 형성하면서 이용자의 친밀성에 대한 실천을 전시하고 상품화하고 착취하는 소셜 미디어 플랫폼과 그 비즈니스 구조를 탐구한다. 소셜 미디어와 감정의 전염, '소통'은 특히 디지털 자본주의의 핵심적이고도 효과적인 도구다. 소셜 미디어의 알고리즘은 개인적 관계와 친밀성, 유사성에 근거한 정체성, 그에 기반한 정서적 표출을 요청한다. 이 같은 디지털 자본주의의 조건 속에서 10대 여성은 정치 세력화와 디지털 신경제의 주체로 이 구조에 개입하고 자신들만의 네트워크와 문화 그리고 커리어 시장을 만들었다. 소셜 미디어가 돈이 되는 것이 이미 일상이 된 지금, 더는 새로울 것 없는 것처럼 여겨지는 디지털 자본주의의 장치인 소셜 미디어의 알고리즘과 '이용자' 상품에 관해 다시 주목할 것을 제안한다.

이 책은 2013년 봄부터 2015년 겨울 동안의 연구를 토대로 한 필자의 박사 논문에서 비롯되었다. 수년 전 연구에 기반하고 있지만 이 책에서 제기하는 문제의식, 등장인물의 경험과 생각, 그리고 이들이 놓인 소셜 미디어 구조에 대한 분석은 디지털 자본주의가 더 또렷한 모습을 드러내는 오늘날 더 유효하다.

디지털 문화기술지

10대들이 하루 종일 스마트폰만 들여다본다고 걱정하던 때가 있었다. 부모와 교사, 연구자 할 것 없이 10대를 만나고 연구하는 거의 모든 어른이 서로 만나기만 하면 요즘 애들은 도대체 스마트폰으로 뭘 그렇게 하는지 모르겠다고 우려하고 또 궁금해 했다. 그로부터 아직 십 년이 지나지 않았다. 이제 모든 사람이 횡단보도를 건널 때나 전철 안, 식당에서 고개를 떨궈 스마트폰을 주시한다. 물론 포털 검색 엔진 대신 유튜브로 맛집을 검색하고. 문자 메시지 대신 인스타그램 DM으로 약속을 정하는 것이 얼마나 자연스러운지는 세대에 따라 좀 다르긴 하다.

이 연구는 인스타그램 DM이 휴대폰 문자 메시지보다 익숙한 세대가 처음 스마트폰과 소셜 미디어를 사용하던 때 시작됐다. 어른들에게 스마트폰과 소셜 미디어를 이용하는 것이 익숙해지기 전이다. 이들의 삶에 새롭게 등장한 뉴미디어 테크놀로지는 10대 여성의 일상을 완전히 바꾸고 있었다. 특히 이들의 소셜 미디어 타임라인은 성형, 패션, 화장과 돈을 쓸 수 있는 멋진 장소에 관한 것들로 채워지고 있었다. 노골적인 소비 정보들이 어떻게 10대 여성의 타임라인을 유유히 채울 수 있게 된 것일까? 나는 이들이 소셜 미디어를 어떻게 사용하고 있으며 소셜 미디어가 그들의 문화와 삶의 전망에 어떤 영향을 미칠 것인지 궁금했다. 그런데 이들을 연구하려면 먼저 스마트폰과 소셜 미디어라는 새로운 연구 대상에 어떻게 접근해야 할지부터 공부해야 했다.

인터넷 연구자들은 인터넷 연구와 관련해서 오프라인과 면대면을 기반으로 하는 전통적인 방법과 가상적인 (virtual) 방법을 포함하는 다면적 조사가 필요하다는 입장을 취해왔다. 인터넷에 대한 질적 접근을 통한 문화기술지 (ethnography)는 인터넷 공간에 대한 직접적인 참여와 관찰, 그리고 인터뷰를 포함한다. 이를 통해 연구자들은 어떻게 이용자들이 인터넷이라는 특정한 가상 장소를 공간적이고 사회적인 것으로 경험하는지 보여주었다.[1]

초기 인터넷 연구에서는 온라인 커뮤니티나 특정 사이트

---

1   이에 관해서는 다음의 문헌을 참조하라. Nancy K. Baym, "The Emergence of On-Line Community," in ed. by Steven Jones, *Cybersociety 2.0: Revisiting Computer-Mediated Community and Technology* (Thousand Oaks, CA: Sage, 1998), 35-68; Lori Kendall, *Hanging Out in the Virtual Pub: Masculinities and Relationships Online* (Berkeley, CA: Univ of California Press, 2002); Christine Hine, *Virtual Ethnography* (Thousand Oaks, CA: Sage, 2000).

등 온라인 공간을 단독적인 연구 현장으로 설정하였다. 하지만 소셜 미디어가 만들어낸 연구 현장은 단일하지 않다. 온라인상 각기 다른 장을 연결해 주는 단일한 방법론적 틀은 사실상 없다. 연구 대상자가 온오프라인을 넘나들고 있는 것과 마찬가지로 연구에서도 양쪽 활동의 관계를 추적하고 상호작용을 보는 것이 필요하다. 사회학자 크리스틴 하인(Christine Hine)은 가상 문화기술지(virtual ethnography)의 연구 현장이 선험적으로 가정되는 것이라기보다 오히려 문화기술지의 과정을 통해 조사되는 것이라고 설명한다.[2] 컴퓨터와 인터넷에 매개되는 현장이 다양해지고 있지만, 인터넷 연구에서는 이를 다양한 현장으로 인식하기보다는 이동하고 연결된 것으로 고려해야 한다.

'디지털 문화기술지(Digital Ethnography)'[3]는 소셜 미디어와 스마트폰이 만들어낸 새로운 세계에 대한 새로운 질적 연구 방법이다. 인터넷이 처음 등장하면서 시작된 '인터넷 연구'[4]로부터 소셜 미디어로 인해 연구 현장이 단일하지 않게

2   Christine Hine, 위의 책.

3   Dhiraj Murthy, "Digital Ethnography: An Examination of the Use of New Technologies for Social Research," *Sociology* 42(5) (Oct. 2008): 837-855.

4   인터넷이라는 새로운 기술과 그로 인한 사회적 질문의 부상은 인터넷 연구 방법에 대한 논의를 촉발했다. 인터넷에 대한 질적 연구 방법 중 인터넷 연구로는 Steven Jones, *Cybersociety 2.0: Revisiting Computer-*

된 환경에 맞추어 변형, 보완된 것이다. 디지털 문화기술지는
디지털 게시글에 대한 텍스트 분석이나 온라인 커뮤니티, 유
저 연구와 달리, 테크놀로지의 매개성을 중심에 놓는다.[5] 물론
면대면 인터뷰는 디지털적으로 매개된 관찰 기록(이미지 캡

Mediated Communityand Technology, 가상(virtual) 문화기술지로는
Christine Hine, *Virtual Ethnography*; Karen Ruhleder, "The Virtual
Ethnographer: Fieldwork in Distributed Electronic Environments", *Field
Methods* 12(1) (Feb. 2000), 사이버 문화기술지는 Katie L. Ward, "Cyber-
Ethnography and the Emergence of the Virtually New Community,"
Journal of Information Technology 14(1) (Mar. 1999), 디지털 문화기술지
는 Dhiraj Murthy, "Digital Ethnography: An Examination of the Use of
New Technologies for Social Research," *Sociology*, 42(5) (Oct. 2008);
Sarah Pink, *Doing visual ethnography* (Thousand Oaks, CA: Sage, 2013),
Jone Postill and Sarah Pink, "Social Media Ethnography: The Digital
Researcher in a Messy Web," *Media International Australia* 145(1)
(Nov. 2012) 와 같은 논의가 제시되어 왔다. 비교적 초기에 제안된 인터넷 연
구는 인터넷을 하위문화 혹은 신생 문화로 보며 접근했다. Steven Jones,
*Cybersociety 2.0: Revisiting Computer-Mediated Communityand
Technology*. 가상 문화기술지나 사이버 문화기술지는 '가상'을 통한, 가상
의, 가상 안에 대한 연구로, 면대면의 문화기술지 작업은 포함하지 않는다.
Christine Hine, *Virtual Ethnography*, 65. 이 같은 연구 방법들은 웹1.0의 인
터넷 환경을 고려하고 있으며, 주로 어떻게 이용자가 인터넷이라는 특정한 가상
장소와 특정 형태를 경험하는지 보여준다. Sherry Turkle, *Life on the Screen:
Identity in the Age of the Internet* (NY: Simon & Shuster, 1995); Nancy
K. Baym, "The Emergence of On-Line Community," in *Cybersociety 2.0:
Revisiting Computer-Mediated Community and Technology*, ed. by S.
Jones; Lori Kendall, *Hanging Out in the Virtual Pub: Masculinities and
Relationships Online* (Berkeley, CA: Univ of California Press, 2002);
Christine Hine, *Virtual Ethnography*.

5   Dhiraj Murthy, 위의 글.

처나 동영상 기록 등)과 온라인 참여 관찰을 포함한다. 그리고 이 과정에서 수집된 모든 종류의 데이터나 네트워크, 관찰 기록이 연구 자료로 활용된다.

이 책에서는 2013년에서 2015년까지 약 3년여에 걸쳐 진행된 10대 여성의 소셜 미디어 문화와 노동에 관한 디지털 문화기술지의 결과를 소개하려고 한다. 디지털 문화기술지는 카카오톡과 같은 개인화된 디지털 환경을 제외한, 필자가 접근 가능한 온라인 공간을 중심으로 이루어졌다. 10대 여성의 페이스북과 블로그, 유튜브, 인스타그램 등의 소셜 미디어 계정과 이들이 자주 방문하는 사이트가 연구의 주 대상이 됐다. 또한 10대 여성의 타임라인을 채우는 내용과 그 형태, 네트워킹하는 대상과 이 모든 것을 매개하는 소셜 미디어 플랫폼의 구조 전반을 관찰하였다. 그리고 온라인 관찰만으로 파악되지 않는 소셜 미디어 활동의 동기와 의미, 그 효과는 심층 인터뷰를 통해 파악하려고 했다. 또한 10대 여성의 삶에서 소셜 미디어가 차지하는 역할과 비중, '10대'이자 '학생', '미성년자'로서의 삶과 디지털 환경의 변화가 가져온 관계성을 찾으려고 노력했다.

10대 여성이 소셜 미디어에 참여하는 활동을 온라인으로 참여해 관찰하는 작업은 매일매일 이루어졌으며, 여기에는 10대 여성의 타임라인도 포함되었다. 참여 관찰의 구체적인 과정은 디지털 인류학 연구자 존 포스틸(John Postill)이

범주화하여 제시하고 있듯이, 따라잡기(catching up), 공유하기(sharing), 조사하기/돌아다니기(exploring), 상호작용하기(interacting), 수집하기(archiving)와 같은 온라인상의 일상적이고 중첩적인 행위로 구성되었다.[6] 또한 이러한 범주들은 디지털 테크놀로지를 매개로 관찰의 장을 만드는 과정이기도 하다.

우선 '따라잡기'는 대부분의 인터넷 이용자를 연구하는 데 요구되는 당연하고도 중요한 과정이다. 이 과정은 심층 면접이나 트위터, 페이스북, 블로그, 이메일, 스마트폰 메신저 등을 통해 추후 중요한 연구 과정으로 발전될 수 있다. '공유하기'는 '따라잡기'와 밀접하게 얽혀 있는 과정이다. 연구자는 이미지나 동영상, 뉴스 아이템 혹은 하이퍼링크 등의 디지털 콘텐츠를 온라인상의 '친구'들과 공유함으로써 연구 참여자와의 소셜 네트워킹 관계를 형성할 수 있다. 이는 '공유하기'를 독려하고 숙련되고 체화된 활동으로 만드는 소셜 미디어 플랫폼의 생리를 파악하기 위해서라도 시간을 두고 익혀야 하는 과정이다. '따라잡기'와 '공유하기'는 자연스럽게 '조사하기'로 이어진다. '조사하기'는 직접적으로 드러나지 않는, 예컨대 공유되고 있는 정보의 출처나 연구 대상자가 소통하고 있는 다른 관계망 등에 대한 탐구 활동이다.

---

6   Jone Postill and Sarah Pink, 위의 글.

그리고 연구 참여자들과의 '상호작용하기'는 연구자가 미처 파악하지 못하거나, 이 과정 없이는 알기 어려운 정보나 환경에 접근할 수 있는 가능성을 높여준다. 페이스북의 '좋아요'를 누르거나 코멘트 달기, 트위터의 '리트윗', 블로그의 '스크랩', 댓글 달기 등과 같은 활동이 여기에 포함되며, 스마트폰을 통한 연락과 심층 인터뷰도 포함될 수 있다. 마지막으로 '수집하기'는 소셜 미디어 연구자가 자료를 기록하고 모으는 방식에 관한 것이다. 과거에는 노트에 기록하거나 컴퓨터의 하드디스크 등을 활용했다면, 지금 소셜 미디어 연구자들은 예컨대 페이스북의 '공유하기', '팔로우잉하기', '페이지 구독' 기능을 활용한다. 또 구글 드라이브나 구글 닥스를 활용하거나 혹은 특정한 관심사를 키워드로 단 콘텐츠를 자동적으로 메일에 수집할 수 있다.

디지털 문화기술지는 디지털 환경의 모든 기술 장치를 활용해서 연구 내용을 수집한다. 온라인의 이미지나 텍스트, 페이스북의 '콕 찌르기'나 '좋아요' 등의 장치, 코멘트, 태깅 등은 그 자체로 참여 활동의 내용을 구성하는 분석 대상이다. 내가 이 새로운 연구 방법으로 파악하고자 하는 10대 여성의 소셜 미디어 활동은 '참여'를 만들어내는 다양한 조건에서 형성된다.

이때 소셜 미디어라는 기술적 조건은 단순히 10대 여성의 문화를 담고 있는 그릇이라기보다는, 새롭게 형성되고 있는 문화의 토대로 주목할 필요가 있다. 문화기술지 방법론으로 10대 문화에 접근할 때 주로 문화적 경험에 대한 미시적인 분석에만 집중하고, 사회제도나 계급, 교육 등의 구조적인 측면은 간과하는 경향이 있다.[7] 소셜 미디어라는 뉴미디어 테크놀로지는 자선가나 천재의 선의로 만들어진 것이 결코 아니며, 강력한 자본 지향적 의도로 기획되고 개발되어 온 것이다. 이 기술은 중립적인 것이라기보다는 자본주의적이며, 따라서 10대 여성의 참여 문화도 바로 이 구조 속에서 이루어진다.

소셜 미디어는 소셜 미디어 문화의 형태나 내용에 결정적인 영향을 미치지만 그것이 기술적인 것이라는 점이 전면에 드러나지 않는다. 이용자는 인지하지 못하지만, 소셜 미디어는 이용자의 참여와 '이용자 주체'를 구조화하는 장치로서,[8]

---

7   Hilary Pilkington, Richard Johnson, "Peripheral Youth: Relations of Identity and Power in Global/Local Context," *European Journal of Cultural Studies* 6(3) (Aug. 2003).

8   푸코는 장치(dispositif)를 "지식의 유형을 지탱하고, 또 그것에 의해 지탱되는 힘 관계의 전략"이라고 설명한다. Michel Foucault, *Power/Knowledge: Selected Interviews and Other Writings, 1972-1977*, ed. by C. Gordon (NY: Pantheon Books, 1980); [국역본] 콜린 고든, 『권력과 지식: 미셸 푸코와의 대담』, 홍성민 옮김(나남, 1991). 장치는 주체를 의도적으로 배열·배치하여 통제하는 특이한 '전략'을 구사하며, 권력관계 속에 기입된다. 위의 책. 아감벤은 푸코의 장치 개념을 '생명체들의 담론, 의견, 행동 등을 규제하고 통제하는 능력을 가진 장치'로 확장한다. 아감벤(Giorgio Agamben)의 장치는 학교, 병원, 군대 등의 규율 장치뿐 아니라 철학, 글쓰기, 인터넷 서핑, 컴퓨터 등도 포

소셜 미디어 문화와 참여 형태를 현재와 같은 방식으로 만들고 있는 주요인 중 하나로 봐야 한다. 즉 소셜 미디어에서 10대 여성의 특정한 실천이 어떻게 만들어지고 있는지 보려면 그 기술의 숨겨진 의도와 영향력을 파악해야 한다. 디지털 문화기술지는 연구 방법의 중심에 기술의 매개성을 둔다. 이 점에서 소셜 미디어라는 기술의 장에서 이루어지는 10대 여성의 실천과 문화뿐 아니라 이를 조건 짓는 기술적 영향력 또한 연구의 대상으로 포섭될 수 있다.

연구 과정과 참여자

연구에 관한 개괄적인 질문이 만들어진 후 본격적으로 '관찰'을 시작한 것은 2013년 5월부터다. 우선 10대 여성이 소셜 미디어에 어떤 내용을 읽고 쓰고 또 공유하는지 보려고 페이스북, 인스타그램, 블로그, 10대 여성을 주축으로 하는 여초 커뮤니티와 포털 사이트 등을 지속적으로 관찰했다. 10대 여성의 소셜 미디어나 블로그 등에서는, 마치 심층 면접의 스노우볼링(snowballing) 기법과 마찬가지 방식으로, 그들의 블

함된다. 양창렬, 조르조 아감벤, 『장치란 무엇인가? 장치학을 위한 서론』(난장, 2010).

로그 이웃이나 페이스북 친구들의 계정도 살펴볼 수 있었다. 또 10대 여성이 자주 가는 온라인 쇼핑몰과 페이스북의 패션, 뷰티, 유머 등과 관련된 각종 페이지, 이들에게는 유명인에 해당하는 인물의 소셜 미디어 계정들도 탐색했다. 10대 여성이 매일같이 근황을 살피는 유명인은 연예인뿐 아니라, 지금은 인플루언서라고 불리는 이들로, 또래 얼짱이나 페북 스타, 쇼핑몰 운영자 혹은 피팅 모델이었다. 이러한 정보들은 모두 온라인상 10대 여성의 댓글이나 '좋아요' 등을 통해 알게 된 것이다.

10대 여성의 온라인 궤적을 쫓아다니면서 발견한 흥미로운 점은, 이들에게 패션 뷰티[9]에 관한 정보가 10대 남성이나

---

[9] 이 책에서 '패션 뷰티'라는 용어는 10대 여성들의 미용과 관련한 정보와 실천, 상품 소비의 영역을 아우르는 표현으로 사용된다. '패션'과 '뷰티'라는 각기 독립적 의미를 가진 단어가 조합된 '패션 뷰티'는 10대 여성의 소비시장을 견인하는 대표적인 영역으로, 이들의 '라이프스타일'에 압도적인 비중을 차지한다. 또한 '패션 뷰티'는 온라인에서 자주 사용되는 표현이기도 하다. 포털 사이트 콘텐츠의 한 섹션을 나타내는 제목이기도 한데, 예컨대 '다음' 포털이 제공하는 콘텐츠는 '뉴스, 연예, 스포츠, 자동차, 라이프, TV'로 범주화된다. 이 중 '라이프'의 하위 범주로 '패션뷰티', '요리맛집', '건강웰빙', '아웃도어', '홈&리빙'이 있다. '네이버' 역시 '매일매일 예뻐지는 습관'에 관한 콘텐츠로 '네이버 패션뷰티' 섹션을 서비스하고 있다. 이처럼 '패션 뷰티'는 동시대 어린 여성들에게서 가장 각광받는 정보이자 커리어 영역인 셈이다. 사회학자 안젤라 맥로비(Angela McRobbie)는 '패션 뷰티' 영역이 포스트페미니즘에서의 정치제도이자 관리체제라고 주장하기도 한다. 패션 뷰티는 특히 여성들이 노동과 고용의 세계에 진입함에 따라 등장했고, 이에 따른 사회 변화로 이성애 매트릭스가 위협받을 때 가부장제적 권위를 대신하여 이성애 제도와 남성성의 안정성을 보장하기 위한

이전 세대의 여성과 비교해 매우 중요한 의미를 가진다는 것이었다. 올리브영에서 삼삼오오 화장품을 고르고 있거나 거리에서 흔하게 만나는 10대 여성의 화장한 얼굴을 보면서 경험적으로 알게 된 정도와는 비교할 수 없을 만큼 중요한 것 같았다.

　　10대 여성의 소셜 미디어 계정과 그들이 좋아하는 사이트를 따라다니면서 관찰하는 동안 온라인 관찰의 주요 사이트는 몇 군데로 추려졌다. 이 중 가장 중요한 관찰의 장은 페이스북이었다. 이러한 이유로 심층 면접 과정을 거치면서 이어진 온라인 관찰은 훨씬 더 페이스북에 집중되었다. 심층 면접에 참여한 10대 여성은 페이스북을 하는 첫 번째 이유를 '정보' 때문이라고 대답했다. 시사나 경제에 관한 뉴스는 물론이고 쇼핑, 취미, 연예, 여가, 진로 등에 대한 거의 모든 정보를 페이스북으로 접한다고 대답했다. 페이스북이 좋은 첫 번째 이유는 끊임없이 업데이트되는 방대하고 다양한 종류의 정보 때문이었다. 그리고 이러한 정보를 친구와 일상적으로 공유하거나 자신이 추후에 볼 수 있도록 수집해 둘 수 있다는 점을 두 번째 좋은 이유로 꼽았다. 이때의 '정보'는 친구들과 놀 수 있는 매개체이며, 더불어 자신을 표현하는 수단으

것으로 기능한다. Angela McRobbie, *Aftermath of Feminism* (Thousand Oaks, CA: Sage, 2009).

로 이해되고 있었다.

페이스북은 링크를 통해 유튜브나 트위터, 인스타그램, 타 사이트 등과 연계되는 경우가 많다. 페이스북을 중심으로 온라인 관찰이 진행되었다고 해도 단순히 페이스북만 관찰하게 된 것은 아니다. 페이스북 외부 다른 정보원으로 연결되는 링크, 10대 여성이 '좋아요'를 누르는 페이지나 계정, 공유하는 사이트 등은 그때그때 방문하였고 관찰한 결과를 남겨두었다. 10대 여성이 쓴 글의 내용과 형식은 물론 댓글과 조회 수, '좋아요' 수 등도 주의 깊게 살펴보았다.

한편, 나의 페이스북 계정과 블로그는 10대 여성과의 관계를 유지하고, 신뢰를 돈독히 하는 한편, 연구 과정과 분석 내용에 대한 이들의 의견을 들을 수 있는 곳이기도 했다. 심층 인터뷰로 만난 10대 여성은 자신들 사이에서 요즘 유행하는 '정보'를 종종 일부러 내게 보여주려고 '좋아요'를 누르기도 하고, 그에 대한 코멘트를 달아주기도 하였다. 덕분에 내 소셜 미디어 네트워크로 파악되지 않는 정보와 그에 대한 10대 여성의 의견을 알 수 있었다.

심층 면접은 우선 소셜 미디어를 적극적으로 이용하는 10대 여성과 이들로부터 인기를 얻고 있는 '네임드' 이용자인 페북 스타를 만나는 것에서 시작했다. 또한 10대 여성이 매일 접하는 정보를 만들어내고 있는 쪽도 관찰할 필요가 있었다. 그래서 블로그와 페이스북 등으로 상품을 홍보하고자 하는 상품 판매 기업과 소셜 마케팅 기업 관계자 등도 심층 면접의 참여자에 포함시켰다. 소셜 미디어 관련 종사자의 경우는, 10대 여성의 구독률과 '좋아요'를 누르는 비율이 상위에 랭크된 페이스북 페이지 운영자 및 10대 여성 사이에서 유명한 페이스북 페이지, 인스타그램 운영자였다.

우선 가장 먼저 소셜 미디어 하기에 푹 빠진 10대 여성들을 만났다. 심층 면접자는 온라인 관찰 과정에서 모집하기도 하였고, 학교 교사, 청소년 교육 활동가 등을 통해 소개받기도 하였다. 이 경우에는 만나기 전에 연구 참여자의 SNS 계정을 관찰했다. 심층 면접 과정에서 인터뷰한 10대 여성이 연구 주제에 적합하다고 언급한 친구를 소개받기도 했다. 또 인터뷰한 10대 여성이 자신의 페이스북 타임라인에 인터뷰 경험에 관한 게시글을 남겼을 때 관심을 보이는 친구를 소개받기도 했다. 인터뷰가 끝난 뒤에는 이 10대 여성들이 운영하거나 참조하는 페이스북과 블로그, 유튜브 채널 등에 관한 온라인 관찰을 진행했다. 그리고 필요에 따라 한 번 더 만나줄 것을 요청하거나 SNS으로 질문을 하기도 했다.

오프라인 인맥으로 소개받은 10대 여성 외에 소셜 미디어를 또래와의 소통 과정에 적극 활용하거나 또래 사이에서 좀 알려져 있거나 '페북 스타'인 10대 여성을 만날 필요도 있었다. 오프라인의 인맥 없이 오로지 온라인 관찰에 기반해 심층 면접자를 찾고 만나는 과정은 매우 고단했다. 수많은 시도가 필요했다. 블로그나 카페, 페이스북 등의 쪽지나 개인 메시지 등으로 만남을 요청하였으나 대체로 돌아온 대답은 온라인 인터뷰만 가능하다는 것이었고, 이유는 '너무 바쁘다'는 것이었다. '바쁘다'는 대답은 만날 필요가 전혀 없는 모르는 어른한테 낼 수 있는 시간이 없다는 뜻임을 잘 알고 있었다. 무엇보다 나는 그들에게 '익명'의 존재였고, 따라서 신뢰할 수 없는 경계 대상인 모르는 사람이기 때문이었다. 그 와중에도 나의 정보 일부가 포함된 블로그나 페이스북은 인터넷 문화가 그렇듯 경계심을 낮춰주었고 실제로 만나는 데 도움이 되었다.

수십 차례의 시도 끝에 만난 몇 명의 연구 참여자는 공통적으로 내 블로그와 페이스북을 방문해, 내가 여성임을 미리 확인한 뒤 심층 면접을 요청하는 나의 쪽지에 답장을 보냈다고 이야기해 주었다. 그런 뒤에도 안심이 되지 않아 친구와 함께 온 경우도 두 사례나 있었다. 심지어 만나기로 한 날, 길 건너편에서 내게 전화를 걸어 누구인지를 먼저 확인한 경우도 있었다.

면접 조사를 거듭하면서 나는 10대 여성은 자신의 정보를 온라인에 공개하는 것이 익숙하지만 그것이 아무 때 아무에게나 자신을 보여주거나 온라인의 모든 사람을 신뢰한다는 것을 의미하는 것이 아니라는 점을 알게 됐다. 이후 나는 조금이라도 내 스스로에 대한 신원을 더 드러내고자 페이스북은 물론 한동안 최소한의 포스팅만 공개 설정해 두었던 블로그를 다시 정비했다. 특히 블로그에 대한 온라인 관찰을 할 때에는 같은 블로거라는 최소한의 신뢰를 얻으려고 언제나 로그인한 상태로 그들의 블로그에 방문, 의도적으로 방문자 목록에 나의 아이디를 남기는 방법도 사용했다.

　　온라인으로 면접 참여자를 찾던 초반에 만난 10대 여성 중 지금까지의 인터뷰 참여자 가운데 가장 어리며, 또한 유일하게 스마트폰이 없는 두 명의 여자 중학생과 보조 인터뷰를 한 적이 있다. 이 인터뷰는 스마트폰이 학교와 또래 문화에서 얼마나 핵심적인 역할을 하는지 파악하는 계기가 되었다. 반톡(같은 반 친구와 선생님이 공지를 카카오톡 메신저로 공유하거나, 친목을 도모하는 단체 채팅방)의 등장은 말할 것도 없고, 학교에서 쉬는 시간과 친구들이 모여 함께 시간을 보낼 때마다 모든 친구가 카카오톡 채팅과 카카오스토리에 집중하고 있어, 스마트폰이 아직 없는 자신들은 또래 관계에서도 정보에서도, 특히 연애에서도 배제된다는 이야기를 들려주었다.

　　소셜 미디어가 지금 10대 여성의 또래 문화에서 어떤 역할을 하고 있는지 단적으로 드러내는 사례도 있었다. 특성화고 3학년에 재학 중인, 얼마 전 취업을 한 한 여학생은 바쁜 고3 또래에 속하기 때문에 오히려 인터뷰를 자원한 사례다.

인터뷰를 하기로 결심한 이유는 '이야기할 애가 없어서 말을 좀 하고 싶었다'는 것이다. 물론 SNS로 매일같이 친구들의 소식을 듣고 수다를 할 수 있지만, 얼굴을 보고 목소리를 들을 수 있는 약속을 정하는 것은 꽤 어려운 일이라고 했다. 10대 여성이 왜 그렇게 열심히 SNS를 하는지뿐만 아니라 그것이 가져온 역설을 알려주는 이야기이기도 했다. 입시와 취업 준비, 혹은 엄마의 통제 등으로 물리적으로 친구와 함께 있는 것이 어려운 시기에 친구와 함께 시간을 보낼 수 있는 시간과 공간을 소셜 미디어가 제공해 주고 있었다.

　인터뷰는 주로 10대 여성이 선호하는 장소, 예컨대 이대 앞이나 홍대 등의 장소, 10대 여성의 학교나 집 근처 카페에서 두 시간에서 세 시간 정도로 이루어졌다. 이들은 공통적으로 내게 자신의 SNS 계정을 알려주는 데 거리낌이 없었고 본명을 그대로 써도 좋다고 했다. 하지만 자신의 연애나 스킨십을 부모한테 알리고 싶지 않은 몇몇 사례의 경우에는 인터뷰 도중 본명은 아무래도 안 되겠다고 말하기도 했다. 인터뷰를 시작하기 전에 학교, 나이, 부모 직업, 학교 성적, 진로 희망, 소셜 미디어 주소 등에 관한 인적 사항을 스스로 적게 하였고, 대략적인 인터뷰 흐름과 주요 질문 문항을 미리 준비해 반쯤 구조화된 인터뷰를 수행했다. 모든 인터뷰는 참여자의 동의 아래 녹음했고, 녹취록을 만들어 분석했다.

　연구에 참여한 10대 여성은 16세에서 19세로, 모두 소셜 미디어 이용자이며 초등학교 때부터 인터넷을 사용했다. 대입으로 자신의 미래가 달라질 거라고 생각하는 두 명 정도를 제외하고는 모두 평균 4-5시간을 소셜 미디어에 사용하고 있었다. 등하교 시간, 쉬는 시간, 잠자기 전, 학원 가기 전과 같이 학업이나 아르바이트, 취업 준비를 제외한 시간 틈틈이 사용하는 것이다.

이들 중 페북 스타들은 훨씬 더 많은 시간을 소셜 미디어에 투여하고 있었다. 이들이 우연치 않게 얻게 된 유명세는 다른 이용자에 비해 압도적으로 높은 소셜 미디어 참여도로 만들어진 것이다. '은진'은 '페북 스타'의 지위를 유지하고자 하루 5-7시간을, '경현'은 '자는 시간 빼고 전부', '나현'과 '다정'은 10시간을 이용하고 있었다. 유명해지기 전부터 이미 많은 시간을 들여 패션이나 화장품에 관한 게시물을 만들어 업로드했다. 이들은 평소 학업보다는 패션 뷰티 영역에 더 많은 흥미를 가졌고, 취미로 자신의 관심사를 페이스북에 공유하기 시작하면서 점차 또래 네트워크에서 유명인이 될 수 있었다.

페북 스타 10대 여성은 소셜 미디어에서의 유명세를 학교 졸업 이후 커리어 영역으로 적극적으로 발전시키는 길을 택하고 있었다. 대학 입시는 시간과 비용이 많이 드는 데다, 학업의 압박을 견디는 것보다 지금 좋아하는 일을 하며 온라인에서 주목받는 편이 더 낫다고 생각하는 것 같았다. 또 자신의 성적으로 대학에 진학하게 되더라도 졸업 후 할 수 있는 일은 지금 페북 스타만큼 반짝이는 일이 아닐 거라는 미래에 대한 체념도 느껴졌다. 그들의 이런 생각이 무척 현실적이고 어쩌면 실용적인 게 아닐까 하는 생각도 들었지만, 페북 스타를 얼마나 오래 지속할 수 있는 일일지 염려하는 마음이 더 컸다.

심층 면접의 과정은 무엇을 더 관찰해야 하는지, 누구를 더 만나봐야 할지도 알려주었다. 대표적으로 나의 20-30대 연령인 소셜 미디어 인맥만으로는 2014년 초중반 부상한 페이스북 페이지의 중요성을 잘 파악할 수 없었다. 10대 여성과의 인터뷰를 하면서 페이스북 페이지가 지금 10대들이 정보를 얻는 새로운 주요 정보 공급원이자 SNS를 하는 대다수가 시간을 보내는 장이며, 거의 모든 기업이 상업 목적으로 운영하기 시작한 도구임을 알 수 있었다. 이러한 발견으로 페이스북 페이지로 수익을 올리는 통로가 10대 여성의 소셜 미디어 참여 문화와 연결되고 있음을 파악했다. 그리고 이를 조사하려면 소셜 미디어 정보의 생산 주체를 만나는 일과 같은 관련 영역에 대한 추가적 관찰과 심층 면접이 필요했다.

우선 심층 면접에 참여한 10대 여성이 자주 공유하고 '좋아요'를 누르는 인플루언서와 페이스북 페이지, 인스타그램 등을 관찰했다. 그리고 그 운영자들에게 인터뷰를 요청하는 온라인 메시지를 보냈다. 모두 열세 명을 직접 만나 심층 면접을 진행했다. 이 중 여섯 명은 남성이었고, 이들 중 한 명을 제외하고는 모두 소셜 마케팅 업계 스타트업의 대표이사였다. 이들은 모두 페이스북을 자신의 기업 홍보용으로 활용하거나 소셜 마케팅 기업을 운영하고 있었다. 다른 일곱 명의 여성 중 다섯 명은 페북 스타였는데, 이 중 두 명은 고등학생이었고 다른 세 명은 고등학교를 갓 졸업한 20세 여성이었다. 그리고 나머지 두 명은 페이스북 페이지 운영과는 상관없이 페이지의 콘텐츠만 생산하는 아르바이트생 대학원생, 은퇴한 인터넷 기업의 전 임원이었다.

가장 처음 만난 참여자는 소셜 마케팅 업체 대표였는데, 추후 10대 여성을 대상으로 하는 화장품 브랜드를 론칭할 사업계획을 갖고 있었다. 업계 내부인이 아니면 잘 파악하기 어려웠을, 물론 경험적으로 추측해 볼 수 있지만 확신할 수 없는 것을 이 연구 참여자와의 인터뷰로 들을 수 있었다. 뚜렷한 상업적 의도에서 만들어진 온라인 뷰티 정보, 그리고 소셜 미디어 문화와 거대 기업과의 긴밀한 연계, 노동자로서의 10대 '얼짱' 여성에 대한 이야기를 들을 수 있었다. 페이스북으로 면접을 요청했고, 일주일 정도 후 휴대폰으로 연락해 달라는 페이스북 메시지를 받고 전화를 걸었다. 처음 통화에서 인터뷰에서와 맞먹을 정도의 많은 이야기를 해주었는데, 업계에서 나름대로 빠른 성공을 이루는 듯했다.

[표1] 페북 스타(얼짱)의 인적 사항

이름	성별/나이	직업	관련 sns	sns 사용 시간	학력 및 경력	비고
상지	여/19	대학생	페이스북 뷰티 페이지(뷰티)	5시간	전문대 재학	비상업적 의도로 운영 중. 광고 대행 경험 있음
나현	여/20	소셜 마케터, 페북 스타	페이스북, 인스타그램(패션 뷰티)	10시간	고졸	고2 때부터 페북 스타로 활동
다정	여/20	대학생, 페북 스타	페이스북, 인스타그램(패션 뷰티)	10시간	전문대 재학	고2 때부터 페북 스타로 활동
은진	여/19	고등학생	페이스북, 인스타그램	10시간	고등학교 재학	페북 스타 활동 초기
경현	여/19	고등학생	페이스북, 쇼핑몰	10시간	고등학교 재학	부모님의 지원으로 패션 쇼핑몰 운영

[표2] 소셜 미디어 기업 종사자 및 소셜 마케터의 인적 사항

이름	성별/나이	직업	관련 sns	학력/경력	비고
사례 A	남/32	영상 제작 및 소셜 마케터	페이스북 페이지(뷰티)	대졸	광고 영상 제작 및 페이스북 페이지 게시

이름	성별/나이	직업	관련 sns	학력/경력	비고
사례 B	남/35	소셜 마케팅 업체 직원	페이스북 페이지(패션 뷰티, 생활정보)	대졸	국내 소셜 마케터 업체 중 최다 페이스북 페이지 보유 기업의 소셜 마케팅
사례 C	남/25	패션사업 대표/ 소셜 마케팅 담당자	페이스북 페이지, 마케팅(패션)	고졸	페이스북 페이지, 블로그, 카카오스토리 홍보
사례 D	남/36	소셜 미디어 업체 대표	익명 SNS	대졸	페이스북 페이지 운영보다는 개인 운영자에게 광고비를 주고 광고 매체로 페이지 활용. 자신의 회사가 개발한 SNS 홍보
사례 E	여/25	페이스북 페이지 관리자	페이스북 페이지(패션 뷰티, 생활정보)	대학원 재학	페이스북 페이지, 블로그 홍보
사례 F	여/52	전 포털 기업 임원		대졸	
사례 G	남/30	소셜 마케팅 업체 대표	약 40여 개 페이스북 페이지 (패션 뷰티, 생활정보)	대졸, 마케팅 회사 근무 경력. 최근 창업	SNS 마케팅에 10대 얼짱 적극 활용. 현재 30여 명의 10대, 20대 초반 여성을 주급 형태로 고용해 페이스북 페이지 등의 관리를 일임하는 방식으로 마케팅에 활용. 페이스북 페이지, 블로그, 카페 홍보

이름	성별/나이	직업	관련 sns	학력/경력	비고
사례 H	남/48	공기업 소셜 미디어 홍보 담당	공기업 공식 페이스북 페이지	대졸	

업계 참여자와의 첫 면접 과정은 이후 이루어진 연구 참여자들과의 심층 면접 과정과 상당히 유사하다. 대부분 자신감 있고, 한국 소셜 미디어 업계의 '스타트업'에 대한 자부심을 갖고 있는, 업계에서 성공한 젊은 벤처 기업가들이었다. 면접자 중에는 당시 한국에서 페이스북 페이지를 가장 많이 보유하고 있으며, 연일 벤처 업계에서 상종가를 치고 있는 기업의 공동 대표도 있었다. 그는 회사 카페에 마련된 미팅 룸에서 면접하던 중, 그곳에 설치되어 있던 화이트보드에 페이스북 페이지를 통한 수익 창출과 업계 관행에 대해 판서까지 하며 적극적인 정보를 전해주었다. 내게 페이지를 제작해 줄 테니 직접 운영해 볼 것을 권유하기도 하였다.

또 다른 연구 참여자는 SNS 플랫폼을 개발해 운영 중인 스타트업 대표였는데, 그것은 페이스북의 '개인 정보 수집'의 문제를 비판하면서 만든 익명의 SNS였다. 그는 자사의 익명 앱을 홍보하고자 페이스북의 광고 시스템을 적극적으로 활용하고 있었다. 평소 소셜 미디어의 개인 정보 독점과 상업적 활용에 비판적인 생각을 가지고 있는 사람조차 자사의 홍보를 위해서는 페이스북의 광고 상품을 이용할 수밖에 없을 정도로 이미 개인 정보를 상업적으로 활용하는 페이북의 영향력은 강력했다.

업계 참여자와의 면접 중 가장 흥미로웠던 사례는 바로 페북 스타 혹은 쇼핑몰 CEO인 10대 여성들이었다. 이들은 소셜 미디어 이용자인 동시에, 또래 이용자보다 더 적극적이고 의도적으로 10대 여성을 대상으로 정보 및 광고를 직접 만들어내는 업계 생산자였다. 이들은 모두 공통적으로 아주 우연한 기회에 온라인상에 이름과 얼굴이 알려졌는데, 모두 패션 뷰티에 관한 정보를 통해서였다. 연구에 참여한 '나현'과 같은 사례는 페이스북과 인스타그램에서 40만을 훌쩍 넘는 팔로워를 둔 거의 연예인급 인기를 자랑하는 대표적인 페북 스타로, 고등학교 2학년 때 자신의 페이스북 계정에 올린 셀카 사진이 '훈녀훈남 페이지'에 게시되면서 페북 스타덤에 올랐다. 나현은 고등학교 때에는 10대 여성 의류 쇼핑몰 업계 1위의 광고 모델인 '뮤즈 모델' 활동을 주로 이어가다가 고등학교를 졸업하면서부터는 소셜 마케팅 회사에 소속되어 '페북 스타'라는 타이틀을 본격적으로 소셜 마케팅에 활용하기 시작했다.

나현뿐 아니라 심층 면접으로 만난, 그리고 온라인 관찰을 통해 접한 페북 스타는 모두 소셜 마케팅 업체와 협력 관계에 있었다. 연구 참여자 중 '다정'의 사례는, 역시 연구 참여자인 소셜 마케팅 업체 대표 사례 G와의 면접에서 그의 마케팅 사업을 성공적으로 이끄는 데 주요한 역할을 한 것으로 자주 언급된 얼짱이자 페북 스타였다. 페북 스타들과의 심층 면접 덕택에 10대 여성이 소셜 마케팅의 매개자인 페북 스타의 연속선상에 있다는 것과, 이들이 점차 어떻게 소셜 마케팅 시장과 직접적인 관계를 맺게 되는지 파악할 수 있었다. 페북 스타들은 소셜 미디어 문법에 맞춰 자신을 '잘' 드러내는 것이 미덕인 또래 문화 안에서 빈번하게 소셜 미디어에 참여하는, 사실상의 소셜 미디어 콘텐츠 생산자였다. 뿐만 아니라 이 같은 참여는 소셜 미디어 마케팅 시장의 저변으로 작동하고 있었다.

10대 여성 및 업계 전문가와의 심층 면접은 결과적으로 페이스북에서 광고 시장이 급성장하던 시기에 이루어졌다. 덕분에 나는 소셜 미디어가 어떻게 마케팅 시장의 큰손으로 떠올랐는지 조금 빨리 알게 되었다. 소셜 마케팅에서는 이용자 데이터가 마케팅 도구로 활용되고 있으며, 마케팅 콘텐츠의 주 대상이자 생산자는 10대와 20대 초반의 여성이었다. 페이스북의 콘텐츠를 이용하는 광고 마케팅은 당시 대단히 효과적인 방법으로 각광받고 있었는데, 소셜 마케팅 업계의 면접 참여자들은 10대들에게 인기 있는 웹툰을 챙겨보거나 인터넷 용어를 공부하고 있었다. 또 나에게 10대 문화를 이해할 수 있는 논문 등을 추천해 달라고 이야기 하는 등 10대의 하위문화를 파악하는 데도 매우 적극적이었다. 10대의 인터넷 문화는 이런 과정에서 시장 속에 자연스럽게 녹아들고 있었다.

1부 소녀성 산업

오늘날 소셜 미디어가 이룬 성공에 10대 여성의 역할을 빼놓을 수 없다. 이들은 매일같이 콘텐츠를 업로드했고, 더 많은 사람이 소셜 미디어에 가입하고 접속하는 데 기여했다. 또한 10대 여성이 친구들과 각종 콘텐츠에 누르는 '좋아요'는 소셜 미디어 및 마케팅 기업에게 시장의 수요나 트랜드를 알려주었다. 이 여성들은 의도치 않게 스스로 특정 상품을 소문내는 광고 시장의 새로운 자원으로, 소셜 미디어 마케팅의 잠재력을 획기적으로 발굴해 냈다.

'소녀성 산업'은 이렇게 해서 탄생했다. '소녀성 산업'은 10대 여성이 소셜 미디어에 참여하면서 생겨난 '새로운 일', 그리고 이를 통해 소녀성의 생산자이자 소비자로 활용되고 동원되는 산업 체계를 일컫는다. 이 개념은 또래 네트워크에 기반한 소셜 미디어의 소비시장이 10대 여성의 디지털 노동에 기대어 소녀성을 상품화하는 장을 설명하기 위한 것이다.[1] 소

---

1   10대 여성을 주 대상으로 하는 소비시장에 대한 대표적 논의로 여성학자 캐서린 드리스콜(Catherine Driscoll)의 '소녀 시장' 개념이 있다. 드리스콜은 10대 여성성인 '소녀'를 상품화하고 소비하는 문화적, 상업적 영역을 '소녀 시장'으로 설명한 바 있다. 하지만 오늘날 소셜 미디어에 참여하는 10대 여성이 시장과 맺는 관계는 '드리스콜이 소녀 시장'에서 논의하는 주체 형식보다 개입의 강도가

녀성 산업은 소녀성을 광범위한 소비 실천과 결합해 상품으로 만들고자 한다. 소셜 미디어에는 10대 여성의 몸과 라이프스타일 전반에 관한 구체적이고 반복적인 이미지와 이야기가 스타일리시하고 감각적인 삶을 위한 소비 정보로 제시된다. 여기에서 10대 여성의 평판 체계, 또래와의 소통의 즐거움, 패션 뷰티 분야에 대한 커리어나 열망 등이 적극적으로 이용된다.

그동안 10대 여성은 '소비자' 혹은 문화산업의 '팬'이라는 다소 한정적인 지위의 생산자로 설명되어 왔다. 하지만 소셜 미디어가 이용자의 참여를 유도해 가치를 창출하고자 독려하는 가운데 10대 여성은 '소녀성'을 직접 생산하고 소비하고 유통하는 '소녀성 산업'의 핵심 주체가 되었다. 소녀성 산업에서 10대 여성은 상품 판매 기업이나 마케팅 기업 등의 상업적 주체와 긴밀하게 네트워킹하며 기꺼이 무임의 디지털 노동자로 참여한다.

디지털 노동의 특징은 특정 소셜 미디어 기업으로부터의 직접적인 착취나 강제와는 상관없는 개인의 '자유로운' 참여로 이루어진다는 점에 있다. 이탈리아의 이론가인 테라노바(Tiziana Terranova)는 이러한 디지털 노동의 속성을 '무

훨씬 더 크다. Catherine Driscoll, *Girls Feminine Adolescence in Popular Culture&Cultural Theory* (NY: Columbia University Press, 2002).

임 자유노동(free labor)' 개념으로 설명한다.[2] 무임 자유노동
은 고용에 기반하지 않은 일(work)로서, 비임금이며 자유롭
게 수행된다. 디지털 경제의 새로운 자원인 이용자 참여를 의
미하는 표현이다. 이용자는 실제로 인터넷을 유지시키는 무임
노동의 형태로 참여하고 있었다.

　　디지털 자본주의는 특정한 생산물의 형태(웹디자인, 멀
티미디어 생산물, 디지털 서비스 등)에 관한 것만이 아니라
문화적, 정서적 노동의 가치를 재평가하도록 하는 실험적 영
역에 있다. 디지털 경제에서 무임 자유노동은 콘텐츠 등 특정
한 형태의 생산물을 만들어낼 뿐 아니라 채팅이나 일상 이야
기 등 즉각적으로 인지되지 않는 새로운 노동 형태에 관한 것
도 해당된다.

　　디지털 노동은 돈을 버는 것과 직접 연결되거나 이를 목
표로 이루어지는 것은 아니다. 그것은 소셜 미디어 친구들과
의 소통과 앎의 즐거움, 이 즐거움을 추구하고자 하는 열망에
서 이루어진다. 10대 여성 이용자들 역시 외견상으로는 스스
로의 의지에 따라 추동된 열망에서 소녀성 산업의 생산자로
참여한다. 동시에 무임 자유노동 형태의 디지털 노동은 소셜

2　　Tiziana Terranova, "Free Labor: Producing Culture for the Digital
　　Economy," *Social Text* 18(2) (Summer 2000): 33-58; Tiziana Terranova,
　　Network culture: Politics for the information age (London: Pluto Press,
　　2004).

미디어 기업과 광고 기업한테 독점적으로 전유되고 수익을 얻는 데 핵심적인 노동력이 된다. 10대 여성의 참여 활동, 문화적 즐거움과 자부심, 열망 등의 감정조차 소셜 미디어 플랫폼에서는 경제적 가치를 창출하는 방식으로 구조화된다. 디지털 경제는 기술적, 문화적 장치를 통해 10대 여성에게 이용자라는 지위를 제공하고, 소비자-생산자의 구분 자체를 흔들어 시장 확장을 꾀한다. 소셜 미디어라는 소통 미디어의 시장 확장은 보다 교묘하고 비상업적인 베일을 쓰고 있다. 10대 여성은 친구들과 놀면서 이 시장에 속해 있는 셈이다.

　10대 여성이 소셜 미디어에 참여하면서 자기 전시(self-display)와 일상적인 정보 공유를 나누는 활동은 놀이와 문화, 경제적 행위가 융합된 새로운 영역이다. '10대 여성'의 동시대적 의미도 이 새로운 영역에서 10대 여성이 수행하는 역할과 더불어 달라지고 있다. '10대 여성'은 '미성년 여성'이나 '여학생'과 같이 기존의 10대 여성을 범주화해 왔던 연령이나 학교 교육 체계와도 떨어져 있다. 그들은 소셜 미디어의 데이터, 정보, 콘텐츠의 생산자, 매개자, 소비자로서, 소셜 미디어의 수익 창출과 훨씬 더 가까운 관계에 있다.

1장 자기를 프로듀싱하는 소녀들

소셜 미디어는 엄청난 규모의 이용자 덕분에 오늘날 가장 시장성 있는 공간으로 주목받고 있다. 이 새로운 웹은 연령, 성별, 지역 등 이용자의 인구학적 정보는 물론, 이용자의 관심사와 기호, 이용자끼리 상호작용하며 나눈 정보에 이르기까지 거대한 데이터를 소유하게 되었다. 빅데이터 덕분에 소셜 미디어는 마케팅 시장에서 훌륭한 파트너로 부상하게 된 것이다. 이것이 플랫폼을 공짜로 제공하는 대신 이용자를 통한 광고, 혹은 유료 서비스 등을 통해 수익을 내는 '플랫폼[1]' 비즈니스다. 구글이나 애플, 메타, 한국의 카카오톡, 네이버와 같은 IT 기업이 성공을 거두고 있는 수익 모델이라 할 수 있다.

이용자들의 정보를 활용하는 만큼 베네핏을 주죠. 그건 바

---

[1]   플랫폼은 IT에서 각종 서비스의 기반이 되는 소프트웨어나 하드웨어 환경으로 불린다.

로 공짜로 사용할 수 있게 해준다는 거거든요. OO일보가 아무리 발광해도 이제 포털에서 공짜로 신문을 보잖아요. 그리고 수익은 광고 수익으로.(사례 F)

플랫폼 비즈니스는 개인 이용자를 포함해 상업 목적으로 참여하는 이용자에 이르기까지 모두가 공유하는 자원을 최대한 활용한다. 국내 한 인터넷 포털 기업에서 임원으로 일했던 사례 F는 이 같은 사실을 잘 알고 있다. 인터넷 기업들은 인터넷이라는 공짜 미디어를 통해 재화 생산 비용을 거의 들이지 않고도 수익을 낸다는 것이다. 궁극적으로 플랫폼 기업의 목표는 이용자가 생산하는 콘텐츠와 데이터를 가능한 한 많이 수집해 저장하는 것이며, 그것을 다시 광고주를 포함한 이용자에게 제공하는 것이다.

구글을 필두로 한 IT 업계에서는 점차 이용자의 욕망, 기호, 습관 등을 분석하고 수집해 그 요구에 맞는 서비스를 제공하는 것이 더 중요해지고 있다. 메타는 데이터 활용 능력을 강조하며 자사를 소셜 네트워크 회사가 아닌 디지털 회사로 규정했고,[2] 트위터가 2014년 IBM과 제휴를 맺고 데이터 분석

---

2 "How Facebook is Delivering Personalization on a Whole New Scale," 2014. 8. 15, *MIT Sloan* (http://sloanreview.mit.edu/article/how-facebook-is-delivering-personalization-on-a-whole-new-scale/)

에 공을 들이는 것도 같은 이유에서다.[3]

> 페북 코리아가 어딨냐면 여기 역삼역 캐피털타워 23층에
> 있어요. 근데 우리나라가 유일하게 아시아에서 지점이 있
> 는 나라고요, 유저도 제일 많죠. 1,500만 명. 이쪽 일 하다
> 보니 알게 되는 거죠. 유료 광고를 태우는 데 최대 광고가
> 1,500만 명까지도 노출이 가능하구나, 현재(2014년) 기준
> 으로. 페북 마케팅은 우선 첫 번째로 싸다. 비용 대비 효
> 과가 높으면서 싸다. 효율이 높잖아요. 다섯 명 중 한 명은
> 평균적으로 보게 되잖아요. 그리고 비용도 정말로 본 사람
> 한테만 나가는데, 평균 가격의 1/20이잖아요. 평균적으로
> 봤었을 때. 그니까 모든 기업이 다 페북으로 광고가 몰리
> 고 있어요, 이제.(사례 B)

아시아에서 유일하게 페이스북 지사가 있는 곳이 바로 한국
이다. 그 말인즉 한국이 아시아에서 페이스북의 가장 큰 광
고 시장이라는 것을 뜻한다. 사례 B는 30대 중반의 소셜 마
케팅 기업의 관리자다. 그는 국내 소셜 마케터 업체 중 페이

---

3 「IBM의 빅데이터 성장전략, '방대한 양의 트윗 분석' 위해 트위터와 제
   휴」, 『아주경제』 2014년 10월 30일자(https://www.ajunews.com/
   view/20141030134802434)

스북 페이지를 갖 많이 보유하고 있는 마케팅 기업에 다니고 있다. 연구에 참여한 모든 10대 여성이 구독 중인 숱한 페이스북 페이지 중 몇 개를 추려 관리자에게 연락을 했더니, 사례 B가 나타났다. 그 모든 페이지의 관리자였다. 그는 페이스북을 이용한 마케팅 광고의 전문가였고, 광고를 광고처럼 보이지 않게 하는 데 능통한 사람이었다.

연구에 참여한 10대 여성은 자신들이 구독하는 페이스북 페이지가 광고 페이지라는 점은 생각지도 못하고 있었다. 페이스북은 유용한 정보의 장임을 굳게 신뢰하고 있었다. 한국에서 페이스북은 공유의 즐거움, 참여, 놀이의 장으로서 대중화되었다. 이후, 타겟 광고와 빠른 파급력, 그리고 그에 비해 거의 비용이 들지 않는 점을 알아본 사람들에 의해 전문적인 광고 매체가 되었다. 한편, 광고 상품이 페이스북의 주요한 수익 모델이 된 이후에 페이스북은 알고리즘을 거듭해 변경하는 방법으로 광고 게시물의 이용자 도달률을 떨어뜨렸다. 페이스북이 더 많은 수익을 꾀하기 위한 방법이었다. 이같은 변화는 비단 페이스북에만 한정되는 것이 아니다. 그럼에도 소셜 미디어는 막강한 저비용 고효율의, 단시간에 가장 많은 사람에게 광고를 노출할 수 있는 매체로 각광받고 있다.

한국에서 페이스북이 가장 빠르게 경제적 가치 창출의 장으로 본격화되기 시작한 것은 '웃긴 자료'나 '재밌는 짤' 등이 페이스북으로 모여들기 시작하면서부터다. 페이스북의 인기 요인은 원래 오프라인 친구들과의 인맥을 온라인으로 옮겨올 수 있다는 것이었다. 또한 게시물에 대한 사람들의 반응을 실시간으로 파악할 수 있다는 것, 그리고 자신의 게시물에 반응하는 사람들을 확인할 수 있다는 점은 사람들에게 페이스북에 오래 머물고 싶은 곳으로 만들었다. 덕분에 이 공간은 많은 사람에게 광고를 노출할 수 있는 확률이 높고, 자발적으로 광고를 퍼다 날라주는 적극적인 광고 수용자가 많은 새로운 매체로 주목받기 시작한 것이다.

한국에서 페이스북이나 트위터와 같은 소셜 미디어를 가장 빠르게 사용하기 시작한 것은 IT업계의 전문가나 20-30대였다. 하지만 이 공간을 가장 '잘' 사용하며 적극적으로 가지고 놀기 시작한 것은 10대였다. 인터넷 마케팅 거점이었던 블로그나 포털의 검색 방식이 더 익숙한 어른 세대는 페이스북, 인스타그램 등과 같은 뉴미디어를 어떻게 활용해야 할지 잘 몰랐고, 관심을 크게 기울이지도 않았다. 대신 10대와 20대 초반 세대는 소셜 미디어를 자유자재로 갖고 놀며 소셜 미디어의 대중화를 이끌며 상업적 매체로서의 가능성을 창출해 냈다.

마케터들이 소셜 미디어에서 찾은 '비즈니스 기회'는 10대가 운영하는 페이지나 개인 계정이 '좋아요'를 모으는 데 탁월한 재주를 확인하면서 시작되었다. 이 재주는 '좋아요' 수를 늘리는 데 재미를 느끼는 10대의 놀이 문화에서 만들어졌다.

젊은 세대들은 애초에 페이스북을 돈이 되는 공간으로 생각하기보다는 그냥 갖고 놀았고, 그 결과 재미있고 파급력 있는 콘텐츠와 많은 이용자가 이 공간으로 모여 들었다.

우리나라 초기에는 그룹이 더 활성화됐어요. 왜냐면 페이지 자체를 키우는 방법도 모르고 왜, 어떻게 해야 되는지 사람들이 모르고 하는데, 이게 진입장벽을 뚫은 게 콘텐츠를 잘 퍼오는 친구들. 디씨인사이드라든가 오유[오늘의 유머] 다 많은데, 거기서 활동하는 친구들이 재밌는 짤들이 많잖아요. 그걸 인제 페이지에 가지고 오기 시작한 거죠. 처음엔 개인 페이스북에 올리다가 이게 개인 페이스북은 친구 추가가 한계가 있잖아요. 그래서 페이지로 활동을 한 거죠. 그래서 그거를 사람들이 많이 접하고, 아시다시피 페북이 한번 터지면 가입자 수 한 번에 쏠리거든요.(사례 C)

페이지 관리자는 10대도 많죠. 저희처럼 비즈니스 기회를 본 건 딱 그거였어요. 10대 애들이 페이스북 '라이크'를 누르는 데 탁월한 능력이 있었어요. 그니까 그게 돈이 되는지도 모르고 자기들은 그 수치에 계속 집중하는 거예요. 그 친구들은 개념이 별로 없어요. 비즈니스 기회, 그런 게 아니고 그냥 재밌고 하니까. 근데 그러면서 한 번 하면 5만

원, 이렇게 주니까. 5만 원 하면 사실 업체에선 5만 원이지
만 그 이상의 이득을 얻거든요. [10대들에게는] 그게 용돈
이 크니까. 뭐 한 달 용돈이 3만 원인데 5만 원 받으면 되
게 커 보이거든요.(사례 D)

소셜 미디어 중심으로 새롭게 형성된 광고 시장은 이용자의
놀이를 시장 가치로 전환하는 장임을 단적으로 보여준다. 사
례 C는 20대 중반의 패션계 스타트업 대표이자 소셜 마케터
다. 그는 고등학교 졸업 후 인터넷 의류 쇼핑몰을 운영하면서
페이스북으로 이를 홍보하고 있다. 페이스북을 이용하다가,
점차 페이스북 친구가 증가하자 쇼핑몰 홍보 게시글을 쓰기
시작했다. 페이스북에서 더 많은 사람이 쇼핑몰 홍보 게시글
을 볼 수 있게 해야겠다는 생각에 페이지 운영을 시작했다.
그는 곧 페이스북을 광고에 이용하기 시작하면서 사람들을
모으면 그게 곧 마케팅 실적으로 나타난다는 사실을 파악했
다. 사람을 모으려면 재미있는 콘텐츠나 인터넷 하위문화 코
드가 필요하다는 사실도 이때 깨달았다.

　온라인에서 사람들을 모으는 데 필요한 것이 콘텐츠라는
점은, 사례 D가 말하고 있듯, 소셜 미디어의 10대들이 먼저
깨달았던 것 같다. 사례 D는 30대 중반의 모바일앱 개발자이
자 대표다. 그는 페이스북 페이지의 개인 운영자들에게 광고
비를 주고 그들의 페이지를 자신의 회사가 개발한 앱을 홍보

하는 광고 매체로 활용하고 있었다. 사례 D는 페이스북이 대중화되던 초기에, 광고 목적으로 페이지 운영자와 연락하면서 그들이 대체로 10대였다는 사실을 알게 됐다. 이들은 페이지 구독자를 늘리는 데 재미를 느끼고 있었다. 10대에게는 이것이 돈이 될 수 있다는 사실은 고려 대상이 아니었지만 10대의 뉴미디어 활용 능력을 알아본 어른들은 달랐다.

초기 페이스북 페이지 운영자들은 재미로 만들고 운영했다. 소셜 미디어 마케팅이 입소문을 타기 시작하면서 팬 혹은 구독자와의 소통이 즐거워서 취미, 놀이로 하던 페이지 운영은 월급 5만 원의 아르바이트가 되었다. 아르바이트를 하는 입장에서는 재미 삼아 하는 일에 돈까지 주니 거절할 이유가 없는 일이 된 셈이다.

소셜 미디어 시장에서 이용자는 콘텐츠의 생산자로 동원될 뿐 아니라 상품으로 사고 팔린다. 그러다 보니 구독자를 보유한 블로그나 소셜 미디어 계정은 소셜 마케팅의 영향력 있는 매체로서 매매 대상이 된다.

내가 샀더라도 판매할 때 가격은 부동산이랑 똑같습니다. 두 배, 세 배 뛰어요. 정확히 페이스북의 가격이 2009년에는 만 명짜리 페이지를 만 원에 샀었나? 하루면 만들었어요, 하루면. 하루에 10만 명도 만들었어요, 혼자서. 그러면 10만 원 받고 파는 거예요. 오늘 그냥 10만 원 번 거죠. 오늘 또 십 몇만 명 모았어. 근데 지금은 30만 원? 30배? 지금은 안 팔아요. 왜 안 파는 줄 아세요? 이건 앞으로 명당 백 원, 2백 원, 3백 원, 5백 원이 될 거니까.(사례 B)

근데 콘텐츠도 들어오고 요즘 '페북해?'가 더 유행이 되면서 그때 이제 젊은 친구들이 다 잡고 있는 거죠. 그래서 비용도 많이 쓰고. 엄청 가격도 많이 오르고 있죠. 매입도 많아졌고.(사례 C)

이제는 시장에 그 기회를 보고 이걸 전문적으로 하는 업체들이 되게 많이 생겼어요. 알고 계신 [페이스북] 페이지는 거의 다 OOOO에서 들고 있어요. 매입도 했고. (원래 다 개인 페이지로 시작한 거 아니었어요?) [OOOO에서] 개인 페이지를 다 매입했어요. 같이 하자, 커진다. '오늘 뭐 먹지' 같은 경우도 회사예요. 그 당시에 '정보특공대'라는 페이지를 하나 인수했는데, 업계에선 3천만 원 정도로 인수했다고 들었어요. 근데 그걸로 한 50억 정도 벌었어요. 그걸로 일반인들이 모르는 좋은 음반 하면서 계속 소개를 하면서 공유가 7천 개, 만 개씩 나갔으니까.(사례 D)

한국에서 페이스북이 완전히 대중화되기 전이던 2009년에 비해 2015년의 페이지의 가치는 부동산과 같이 급상승했다.

막강한 광고 매체가 됐기 때문이다. 페이스북의 '페이지'는 특히 더 많은 이용자를 확보할 수 있는 통로로 인식되어, '페이지'를 사는 것은 곧 이 페이지를 구독하는 이용자들이 접하게 될 정보에 대한 권한과 이들이 누르는 '좋아요'의 가치를 사는 것이나 마찬가지다. 페이지를 매입하는 것은 마치 게임 아이템을 사고파는 것과 같이 비물질적인 가상의 것이 거래되는 것이지만, '3천만 원을 주고 페이지를 하나 인수'하면, '50억 정도'가 벌리는 실제적인 수익 창출의 훌륭한 도구가 되었다. 그래서 한국의 페이스북 '페이지' 중 약 90%를 한 회사가 소유하게 되는 기형적인 지형이 만들어지는 데 이어 블로그, 카페 등의 매매 시장이 형성됐다.

디지털 경제는 이용자의 생산물을 콘텐츠로 전환하고 이용자의 네트워킹 망을 콘텐츠의 유통망으로 활용해 경제적인 가치를 만들어왔다. 즉 이용자가 만들어낸 콘텐츠와 그것이 유통되는 데 기여하는 참여 활동의 통제권과 소유권을 가로채는 방식을 통해서다.[4] 이용자의 생산 활동과 경제적 기여는, 마치 가사노동과 같이 비공식적인 것으로 비가시화되기 쉬운 것처럼 보인다. 대신 '놀이'나 참여의 즐거움이 더 강조되고, 노동이나 경제적인 활동이라기보다 문화적이고 여가적

4   Tiziana Terranova, "Free Labor: Producing Culture for the Digital Economy," *Social Text* 18(2) (Summer 2000): 33-58.

인 영역으로 여겨지기 쉽다. 바로 이 점이 소셜 미디어 시장이 이에 주목하는 이유이기도 했다.

이용자들은 자신이 소셜 미디어에 적극적으로 참여하는 것이 디지털 경제의 가치 생산에 결정적으로 기여하는 '노동'과 깊은 관련이 있음을 인식하기 어렵다. 덕택에 디지털 경제는 별다른 투자나 직업 훈련 과정 없이도 자발적이고 자율적인 노동력을 확보하게 된다. 이용자들은 소셜 미디어에서의 문화적 열망과 평판 체계를 구축하고자 자율적이고 자발적으로 일상의 많은 시간을 기꺼이 투여한다. 창의적이고 기발한, 한 마디로 '질 좋은' 콘텐츠를 생산하는 그들은 노동 주체라는 인식이 없는 노동 주체로 등장하고 있는 것이다.

2장 소셜 미디어와 소통 자본주의

소셜 미디어에서 이용자 사이의 관계 맺기 환경은 기본적으로는 정보, 즉 콘텐츠를 매개로 이루어진다. 이러한 관계 맺기는 기술적 장치를 통해 이루어지는데, 이를 보면 소셜 미디어가 무엇을 원하는지 알 수 있다. 예를 들면, 트위터는 리트윗(RT)으로, 유튜브는 다른 소셜 미디어나 링크 주소를 제공해 공유를 독려한다. 블로그 서비스나 각종 뉴스 사이트에서는 소셜 미디어들로 연결되는 스크랩과 추천, 메일 보내기 기능을, 인스타그램의 경우는 하트 모양의 버튼인 '좋아요' 기능과 해시태그를 통해, 그리고 페이스북은 '좋아요' 버튼이나 공유하기, 태그 기능을 통해 공유를 일반적인 활동으로 만들고 있다. 타인의 게시물에 대한 적극적인 작용을 이끌어낸 결과, 소셜 미디어는 콘텐츠와 이를 통한 이용자 간 소통이 끊이지 않는 곳이 됐다.

소셜 미디어에서의 소통 방식과 그 내용은 이용자들이 자신의 의지로 결정하는 것이 아니다. 이용자의 의지가 전혀 반영되지 않는 것은 아니지만, 소셜 미디어가 설계한 참여 방식에 좌우되는 경향이 더 크다. 더 정확히 말하면, 이는 알고리즘 계산에 따라 만들어진다. 이 알고리즘은 이용자가 어떤 것을 더 자주 보고 어떤 것을 더 많이 공유하도록 하는가를 결정한다. 대표적으로 페이스북의 뉴스 피드(news feed), 트위터의 트랜딩 토픽(trending topic), 구글의 검색 결과와 뉴스 랭킹(news ranking), 그리고 각종 포털 사이트에서 제공하는 연관 검색어 등은 이용자가 접하는 뉴스, 쇼핑, 문화 등 정보에 대한 접근성과 이용자 간의 소통 방식을 규정한다.

뉴스 피드 알고리즘 덕분에 10대 여성은 각기 다른 피드를 갖게 된다. 이는 페이스북에서 어떤 내용을 더 자주 클릭하는지, 어떤 친구와 댓글놀이를 열심히 하는지, 어떤 페이지를 구독하고 있으며 어떤 정보를 친구에게 공유하는지에 따른 것이다. 페이스북에서 누르는 '좋아요' 버튼과 상태 업데이트, 친구 추가, 특정 콘텐츠 클릭 횟수는 모두 페이스북의 서버로 수집된다. 이 데이터들은 이용자의 행동을 정렬하고 예측하며 관리하기 위한 알고리즘에서 데이터 점수로 환산되고, 이에 따라 정보들이 뿌려진다.[1]

---

1   Mark Andrejevic, "Exploitation in the data mine," in ed. by Christian Fuchs, Kees Boersma, Anders Albrechtslund, Marisol Sandoval, *Internet and Surveillance: The Challenges of Web 2.0 and Social Media* (London: Routledge, 2013), 71-88.

소셜 미디어의 알고리즘은 이용자들에게 되도록 많은 활동을 유도함으로써 그들이 언제나 풍부한 데이터와 연결된 상태를 유지하고자 한다. 이에 따라 10대 여성은 특정 정보를 더 많이 보기도 하고, 못 보기도 하며, 소셜 미디어 친구들의 관심을 끌고자 텍스트 게시글을 쓰는 게 좋을지 이미지를 업로드하는 게 좋을지 생각하게 된다. 대표적으로 페이스북의 뉴스 피드 노출을 결정하는 알고리즘인 엣지랭크(Edgerank)는 10대 여성이 페이스북을 아지트 삼아 자신에 대한 일거수일투족을 중계하게 된 이유 중 하나다. 또한 '페북 스타'와 같은 인플루언서가 어떻게 탄생하는지, 왜 그렇게 많은 정보가 소셜 미디어로 몰리는지도 마찬가지다.

페이스북의 엣지랭크는 특정 문서에 순위를 매기는 알고리즘의 종류다. 구글과 유튜브 등의 페이지랭크(PageRank)와 비슷한 알고리즘이다. 페이지랭크는 검색 엔진에서 검색에 적절하다고 여겨지는 순위대로 정보를 정렬해서 뿌려준다. 반면에 엣지랭크는 다양한 정보에 대한 이용자들의 유의미한 신호를 골라내기 위해 개발됐다. 또한 각 이용자에게 중요한 '친구'와 또 다른 이용자들의 흥미로운 콘텐츠를 보여주어 이용자 간 연결을 강화하고 실시간으로 그 정보를 발견할 수 있도록 하기 위한 것이다. 이 핵심 알고리즘은 개인 간 데이터에 대한 수많은 계산을 수행해 피드의 맨 위 게시물을 결정한다. 이용자에게 가장 중요한 것으로 가정되는 업데이터를

통해 새로운 뉴스 피드를 만드는 것이다.[2]

엣지랭크 알고리즘은 뉴스 피드에 있는 아이템들, 예컨대 업데이트 상태나 빈도, 사진, 동영상 같은 게시물 형태 등을 고려해서 차별화된 점수를 부여한다.[3] 그리고 이용자가 페이스북 친구들과 태깅, 커멘팅, '좋아요' 등으로 포착되는 소통 행위를 할 때마다 엣지가 생성된다. 엣지는 친밀도와 엣지에 따른 가중치, 시의성 세 가지 요인으로 결정된다. 좀 더 잦은 접촉, 예컨대 잦은 채팅과 프로필 보기와 같은 행동은 더 높은 친밀도 점수를 얻는 식이다. 둘째로 각 엣지는 다양한 종류의 상호작용에 각기 다른 가중치를 매기는데, 예를 들면 '댓글 달기'는 '좋아요'보다 더 중요한 것으로 다뤄진다. 마지막 요인으로는, 새로운 글이 오래된 것보다 더 중요한 것으로 계산된다. 이 계산에 따라 피드 노출이 결정되는데, 예를 들면 어떤 글이 타임라인 최상단에 뜰 것인지가 결정되는 식이다. 이렇게 이용자 간 친밀도는 두 사람 사이의 사회적 소통의 패턴을 측정함에 따라 계산된다.

2　Taina Bucher, "Want to be on the top? Algorithmic power and the threat of invisibility on Facebook," *New Media & Society* 14(7) (Apr. 2012): 1164-1180.

3　알려진 바에 따르면, 2013년까지는 비디오, 사진, 텍스트 순으로 가중치를 부여했지만, 이후에는 텍스트에 가장 높은 점수를 주는 것으로 알려지고 있다. 이는 유료 광고로 유도하기 위한 알고리즘 변경으로 추측되고 있다.

엣지랭크는 노골적으로 이용자의 잦은 활동을 부추기고자 한다. 2010년대 중반 기준, 엣지는 작성한 글에 더 많은 가중치를 부여한다. 하나의 콘텐츠가 뉴스 피드에 머무르는 시간은 평균 3.2시간으로, 이 시간이 지나면 뉴스 피드에는 노출되지 않는다. 즉 페이스북 친구들의 뉴스 피드에 자신을 꾸준히 노출하고 싶다면 3시간 간격으로 글을 올려야 하는 것이다. 이 알고리즘은 이용자에게 얼마나 자주 활동할 것인지, 그리고 어떠한 형태와 내용의 콘텐츠를 업로드할 것인지도 알려준다. 엣지별 가중치는 콘텐츠 자체의 가중치를 나타내는 지표로, 우선 콘텐츠 유형에 따라 각기 다른 기본 가중치를 부여하게 된다. 비디오, 사진, 링크, 텍스트(상태 업데이트) 순이다. 즉, 텍스트 게시물보다는 동영상이 뉴스 피드에 노출되기 쉬운 콘텐츠 유형인 것이다.

이러한 알고리즘에 기반해 사람들은 어떤 것이 다른 이용자에게 빠르게 노출되는지 파악하게 된다. 즉 공유할 만한 콘텐츠를 중심으로 특정한 참여 체계가 마련된다. 예컨대 페이스북은 알고리즘을 통해 비가시적인 상태가 될 수 있다고 위협해 이용자를 훈육하고 있는 것이다. '좋아요'를 누르거나 공유하거나 태그하거나 자신의 상태를 업데이트하지 않는 등 참여하지 않으면 타임라인에서 보이지 않게 된다. 거꾸로 더 자주 더 많은 사람의 타임라인에 노출되면 결과적으로 친구들의 댓글과 '좋아요'로 보상이 주어지고, 이를 통해 잦은 참여가 일종의 규범으로 제시된다.

정치 이론가이자 미디어 이론가인 조디 딘(Jodi Dean)은 오늘날과 같이 이용자의 커뮤니케이션에서 가치를 생산하는 '소통 자본주의(communicative capitalism)'에 이르러 '소통'의 의미가 달라지고 있다고 본다.[4] 이제 사람들 사이에서 소통은 각자가 어떤 말을 하는지보다 '새로운' 무언가가 업로드되었다, 혹은 '주목'할 만한 것을 업로드한 것을 더 중시하는 쪽으로 바뀌었다고 지적한다. 예컨대 '좋아요' 버튼이 이용자 간 소통에서 중요한 것은 사람들의 관심이라는 점을 말해준다.

한편, 모든 소셜 미디어가 제공하고 있는 알림 기능은 콘텐츠에 대한 상시적 주목과 빠른 반응을 이끌어낸다. 새롭고 즉각적인 것을 강조하고,[5] 필요가 아니라 계속된 흥분과 즐거움을 권유한다.

실시간으로 계속 올라오잖아요. 사람들이 '좋아요' 많이 눌

---

4 Jodi Dean, "Communicative Capitalism: Circulation and The Foreclosure of Politics," *Cultural Politics* 1(1) (Mar. 2005): 51-73; Jodi Dean, "Whatever Blogging," in ed. by Trebor Scholz, *Digital Labor: The Internet as Playground and Factory* (London: Routledge, 2012).

5 Rovert. W. Gehl, *Reverse engineering social media: software, culture, and political economy in new media capitalism* (Pennsylvania: Temple University Press, 2014).

62 페북 스타가 된 소녀들

러놓을수록 잘되거나 게시물 활성화가 빠른 데거든요. 거기 들어가서 '좋아요' 눌러놓으면 내 타임라인에 계속 뜨니까. 일분 만에 이렇게 내리면 50개 이런 게 뜨고. 할 게 많은데 페북에서 계속 올라와서 계속 보게 되는 거예요. 시스템 때문이에요. 시험 기간에 진짜 미칠 거 같아요. 시험기간마다 카톡이랑 페북을 지우는 애들이 엄청 많아요. 10분만 보고 공부하면 되는데 그걸 굳이 지우나. 10분 보다 보면, 13분 되면 15분까지 하자, 이러다가 결국에는 아예 다 놓고 독서실에서 이러고 페북하고 있고. 아주 많아요, 그런 애들. 시험 기간에 애들이 다 초록불이에요. 공부하다가 띠링 하면… 한번 빠지면 못 나와요. 절대 못 나와.(수영)

이게 뭐가 재미있다기보다는, 진짜 아까 말한 것처럼 습관적으로 들어가는 거 같아요. '아, 이제 또 새로운 거 올라왔겠지?' 하면서. 뉴스 피드 있잖아요. '아, 또 뭐 올라 왔겠지?' 하면서 밀면서 보게 되고. 위에 계속 떴다고 플러스 몇 뜨고, 친구들이 태그 걸고 언급하면 그거 보게 되고. 일단 위에 떴으니까 궁금하잖아요. 날 뭘 태그했을까. 그래서 자꾸 들어가게 되는?(혜민)

수영은 호텔 관광을 전공하는 특성화고 2학년이다. 졸업 후

관광업계에 취직하기를 원하지만 성적이 낮아서 고민이라고 했다. 그녀는 내가 만난 거의 서른 명 가까이 되는 10대 여성 가운데 단연 소셜 미디어를 많이 사용하는 축에 속한다. 하루에 모바일 접속 시간이 얼마나 되냐고 물었더니 "혼자 있을 때 언제나"라고 했다. 주로 페이스북과 카카오톡에 시간을 쏟는다.

혜민은 일반계 고등학교 3학년에 재학 중이다. 인터넷은 7살 때, 소셜 미디어는 중학교 2학년 때부터 사용해 오고 있다. 하루에 여섯 시간 정도를 온라인에서 보낸다. 주로 페이스북, 카카오톡, 유튜브, 인스타그램, 쇼핑몰 등을 둘러보는 데 시간을 쓴다. 가수가 되는 것이 꿈이지만, 아이돌 연습생을 하기에는 너무 늦었다고 생각한다. 대신 소셜 미디어를 하며, 자신의 게시물에 대한 사람들의 관심을 좋아한다.

소셜 미디어에 시간을 많이 쓰는 편인 수영과 혜민은 습관적으로 소셜 미디어에 접속하는 이유이자 좋아하는 이유를 '새로운 것'이 계속 업데이트되기 때문이라고 대답한다. 새로 접속할 때마다 페이스북은 새로운 소식이 몇 개가 업데이트되었는지를 화면 상단에 '+ 3[세 가지의 새로운 소식]'과 같은 방식으로 알림을 제공한다. 일단 알림이 뜨면 어떤 새로운 소식이 도착했는지 참는 것은 너무 어려운 일이다. 수영의 말처럼 친구들이 모두 현재 온라인 상태임을 알리는 '초록불'과 '띠링~'하는 알림 소리는 시험 기간의 가장 큰 위협이다.

혜민의 이야기는 '소통 교환(communicative exchange)'[6]의 사례를 보여준다. 뉴스 피드에 표시되는 '새소식'과 개인 게시글과 관계된 알림에 대해 혜민이 품는 감정은 그것이 누구의 어떤 내용인가에 대한 것이 아니다. '무엇인가가 또 올라왔겠지'라는 습관적 궁금함이다. 이는 어떠한 사용가치도 갖지 않는 비어있는 교환가치로, 소통의 교환이다. 소통 교환은, 우리가 무엇을 말하는 건 아무 상관이 없으며 단지 다른 사람들에게 접속하는 것만, 관계성의 패턴을 형성하고 순환의 패턴을 구축하는 것만 의미 있다는 점을 뜻하는 새로운 개념이다.

10대 여성이 소셜 미디어에 접속했을 때 울리는 그 알림은 구체적 내용과 의미를 지시하기보다 지금 무엇을 해야 하는지를 알려준다. 친구 신청에 알림이 떠 있다면, 친구 신청 수락 혹은 거절을, 뉴스 피드에 새로운 소식 알림이 떠 있다면 새로운 소식을 확인하는 식이다. 이처럼 소셜 미디어에서 새로운 것이 강조되는 경향은 컴퓨터 프로세싱의 발전이 지속되어 온 흐름과 같이한다. 빠른 알림은 그 자체로 정보다. 무언가 새로운 것이 등장했다는 정보로서, 이때 속도는 정보

---

6   Jodi Dean, "Communicative Capitalism: Circulation and The Foreclosure of Politics."

그 자체다.[7]

페북에 '나랑 놀러 갈 사람?' '나.' '지금 홍대 있는 애들?'
'나.' (글을 남기고 나면 계속 그 어플을 켜놓고 있나요?)
아뇨. 알림이 뜨죠. 나랑 친한 친구를 '즐겨찾기' 해놓으면
게시글 올리면 알림이 딱 떠요.(수영)

일단 친구들이랑 연락할 때 애들이 문자를 잘 안 봐요. 문
자를 보내도 애들이 문자 온 거 확인해도 '아, 좀 있다 답
장해야지' 하고 답장 안 한 경우 진짜 많아요. 근데 페메나
카톡 같은 거는 알람이 뜨고 내가 수시로 들어가니까 그
게 표시가 나잖아요. 또 페북이 좋은 게 생일이 되면 생일
이 뜨잖아요. 그러면 그동안 연락 안 했던 애들도 그걸 통
해서 '아, 오늘 애 생일이구나. 오랜만에 글이나 남겨야겠
다' 하고선 글 남겨주는 친구도 있고, 그렇게 해서 연락하
고 약속 잡는 친구들도 생기고. 그리고 그냥 카톡 이런 걸
로 축하받는 거보다 페북에 같이 찍은 사진 올려서 축하
해주는 게 딴 친구들이 보고 막 댓글 달아주고 하니까. 그
런 게 좀 좋은 거 같아요.(혜민)

7   Paul Virilio, "Speed and Information: Cyberspace Alarm!," *CTHEORY*,
     1995.

수영이 친구들을 호출하는 방식은 페이스북의 뉴스 피드라는 이용자 인터페이스에 대한 이해가 전제된 행동이다. 친구로 연결된 이용자의 게시물이 이용자들의 타임라인에 뜨고, 그것이 알림으로 전해지는 구조가 바로 수영에게 계획하지 않은 친구들과의 갑작스러운 만남을 요청할 수 있도록 한다. 이는 10대 여성이 휴대폰 메시지보다 카카오톡 메시지나 페메(페이스북 메시지)를 더 빨리 확인하게 되는 분위기와도 연결되어 있다.

소셜 미디어의 실시간 정보는 각 이용자에게 최적화된 것으로 제공된다. 이용자에 대한 기초 자료는 맨 처음 소셜 미디어에 가입할 때 기재하는 개인 정보에서부터 구축된다. 프로필은 10대 여성이 주요하게 사용하고 있는 대부분의 SNS에서 가입 즉시 작성해야 하는 것으로, SNS에서 자신이 누구인지 드러내는 일차적인 관문인 셈이다. 이러한 관문을 거치고 나면 특정 프로필을 가진 이용자 개인을 중심으로 형성되는 공간이 마련된다.

> 이게 단점인지 장점인지… 그런데 사람들끼리 접근이 좀 쉬워서. 알 수 있는 친구 추천 뜨고. 여기[필자의 페이스북 계정 화면]에도 OOO[OOO는 지운의 학교 친구임] 떴잖아요, 부회장인데. 이 사람은 선생님이에요. 윤리 선생님.(지운)

그런 정보 올라오는 거는 제가 '좋아요' 누른 거니까, 나한
테 맞는 거를 위주로 누르니까 좋은 거 같아요.(소현)

그냥 막 SM타운 채널, SBS 채널 이런 거 있잖아요. 뷰티
그런 채널이 있는데, 거기 그냥 '구독하기' 하면 영상 올라
올 때마다 맨 앞에 영상 올라왔다 하고 떠요. 그러면 보
고.(아영)

소셜 미디어는 이용자에 대한 다양한 정보를 수집하여 각 개
인에게 각기 다른 정보와 친구를 추천한다. 텔레비전이나 신
문 같은 레거시 미디어와 달리, 소셜 미디어는 개인화된 서비
스를 제공하는 것이다. 특성화고에 재학 중인 지운은 '알 수
있는 친구 추천'이 장점도 있고 단점도 있지만, '사람들끼리의
접근'을 쉽게 만들어준다는 점에서 편리하다고 여긴다. 필자
가 지운과 페이스북 친구를 맺자마자 지운의 학교 친구와 교
사가 필자에게 '알 수도 있는 친구'로 추천되었다. 소셜 미디
어에서의 인맥은 이와 같은 방식으로 점차 확장되고 또 인맥
을 중심으로 순환되는 정보의 장이 마련된다.

    소현과 아영은 모두 일반고에 재학 중인 학생으로, 각기
초등학교 1학년, 3년 때부터 SNS를 해오고 있다. 이들이 말
하고 있듯이, 대표적으로 페이스북의 '좋아요', 유튜브의 '구독
하기' 등의 기능으로 이용자들은 자신이 관심이 있는 소식만

제공받을 수 있다. 앞의 수영의 사례에서도 페이스북을 수시로 하게 되는 이유에 대해 "좋아요 눌러놓으면 내 타임라인에 계속 뜨니까 일분 만에 50개가 업데이트"되기 때문이라고 설명한 바 있다. 소셜 미디어는 개인 맞춤의 정보와 네트워킹을 제공해 10대 여성에게 독립된 개인으로서의 경험을 제공하고, 개인에게 적합한, 그래서 계속해서 그것을 확인할 필요가 있는 것으로 여기게 한다.

소셜 미디어는 게시물의 배치, 업데이트되는 순서, 알림의 세분화, 친구 추천, 타임라인의 개인화 등 중립적인 것으로 보이는 기술의 작동과 유저 인터페이스로 이용자의 주의를 지속적으로 붙잡아둔다. 소셜 미디어의 대중화와 성공은 소셜 미디어 이전이라면 콘텐츠로 여겨지지 않았을 수많은 '일반' 이용자에게서 그들의 일상과 생각을 공유하도록 이끈 덕분이다. 이에 지금 10대 여성은 자신에 관한 정보를 지속적으로 업데이트하고, 다른 친구의 콘텐츠를 궁금하게 여기며 타임라인에 몰입하고 있다.

3장 패션 뷰티와 또래 네트워크

구글은 2009년부터 검색 이용자가 어디에서 로그인하며 어떤 브라우저를 사용하는지, 이전에는 무엇을 검색했는지 등 총 57개의 시그널을 수집한다. 이를 이용해서 이용자가 어떤 사람인지, 어떤 기사와 사이트를 좋아하는지 추측하는 것이다.[1] 그리고 이 예측에 기반해 이용자에게 각기 다른 검색 결과를 가져다준다. 구글의 CEO 에릭 슈미트는 "사용자가 다음에 뭘 해야 하는지 구글이 알려주겠다"라고 공언한 바 있다. 그의 자신감은 각 이용자가 언제, 무엇을 좋아하고 필요로 하는지 파악할 수 있다는 데서 온다. 이는 개인의 신상정보 수집은 물론, 온라인상의 모든 데이터를 수집하고 소유하면서 가능해진다. 개인의 관심사를 중심으로 한 정보들, 즉

---

1   Frank Pasquale, *The Black Box Society: The Secret Algorithms That Control Money and Information* (Cambridge, MA: Harvard University Press, 2015).

필터 버블(filter bubble)[2]은 이용자의 취향과 관심사에 기반해 있는 것처럼 보이지만 그 필터 버블을 어떻게 작동시킬 것인지는 소셜 미디어가 결정한다.

10대 여성의 즐거움, 놀이, 향유, 미래의 영역 '패션 뷰티'

페이스북에서 엣지랭크는 10대 여성이 접하는 정보의 필터 역할을 한다. 덕분에 10대 여성들은 직접 검색하지 않아도 페이지 구독과 친구들이 '좋아요'로 공유해 주는 정보로 최신의 트랜드를 자연스럽게 알게 된다. 이들의 피드를 채우고 있는 것은 각종 신상 화장품이나 쇼핑몰 정보를 비롯해 상황에 맞춰 연출할 수 있는 화장법과 헤어스타일, 학기 초나 수학여행, 첫 데이트 때의 코디법 등이다.

소셜 미디어 정보가 일상생활에 영향력을 가지게 되면서 과거에는 참고할 만한 '정보'로 여겨지지 않았던 것들이 정보로 여겨지기 시작했다. 외모나 관계, 취향, 여가생활 등의 사생활 혹은 지극히 사적인 영역의 것이 다른 이들에게 일종의

2   필터 버블은 인터넷 정보 제공자가 개인의 취향이나 선호도를 분석해 적절한 정보를 골라서 제공함에 따라 이용자가 선별된 정보만 제공받게 되는 현상을 말한다.

준거가 되기 시작한 것이다. 얼짱이나 인스타 여신 등 멋진
외모의 일반인 얼굴이나 일상은 타인의 사적 정보나 사생활
이라는 인식을 벗어나 보다 트랜디한 일상을 꾸리는 데 필요
한 정보로 여겨지고 있다.[3]

> 그냥 SNS 같은 거는 심심할 때마다 들어가는데, 화장품
> 같은 거는 주로 신제품을 출시했다, 이러면 이게 어떤 화
> 장품이고 어떻게 쓰는 거지 찾아보기도 하고, 친구들, 항
> 상 페이스북 많이 하는 애들은 '오늘 옷 뭐 입지?' 이런 페
> 이지 몇십 개는 되는데, 그거 다 눌러놓고, 그래서 걔네들
> '좋아요' 하나 누를 때마다 계속 뜨니까 페이지 공유 엄청
> 많이 되는 경우도 있고. 여자애들 사이에서는 그게 유행이

---

3   10대 여성들은 소셜 미디어의 정보 덕분에 과거 10대에게는 접근이 어려웠던
    다양한 분야의 정보를 참조할 수 있는데, 이 중 패션 뷰티 정보는 실제로 10대
    이후 성인 시기로 유예되었던 외모 꾸미기를 10대 여성에게 실현 가능한 것으
    로 만드는 데 일조한다. 화장과 성형 등이 10대 여성 사이에서 빠르게 대중화
    되기 시작한 것은 그들이 본격적으로 소셜 미디어에 참여하기 시작한 2010년
    이후다. 이 점을 볼 때 10대 여성의 화장과 성형 문화는 그들이 소셜 미디어에
    참여하면서 패션 뷰티 영역의 정보를 접근할 수 있었던 것에 따른 것으로 보인
    다. 1990년대부터 최근까지 청소년 화장과 관련된 뉴스 및 신문 보도를 분석해
    본 결과, 청소년 화장은 2012년경 이후 대대적으로 대중화된 경향이 나타난다.
    2012년경에는 청소년 화장에 대한 찬반 논란이 시작되는 것으로 봐서 점차 화
    장하는 10대 인구가 늘어나고 있는 것으로 보인다. 2009년까지만 해도 청소년
    화장에 관한 부정적 인식이 발견되지만, 점차적으로 청소년 화장품 시장이 언
    급되기 시작하고 2010년이 되면 시장이 보다 본격화되는 경향을 보인다. 2010
    년에는 화장뿐 아니라 10대 시장 전반이 주목받기 시작했다.

에요. 배우기 위한 것도 있고 요즘 유행이 뭔지 알고, 모르
면 애들하고 말할 때 약간 소통이 안 되는 그런 것도 있으
니까. 그런 걸 위해서 보는 거 같아요. 거기서 마음에 드는
거는 뭐 옷 같은 거는 내가 봤을 때 예쁘다 하는 건 사기
도 하고 해서, 근데 그런 거를 토대로 제 스타일을 만드는
거 같아요.(소현)

걸 스타일이랑 옷 정보. 쇼핑몰이랑 쇼핑 사이트랑 인터
넷, 페이스북에도 코디 올라오거든요. 이런 스타일이 있구
나.(혜연)

소현은 일반고 1학년 학생이다. 중학교 1학년 때부터 소셜 미
디어를 시작해 4년째 이용하고 있다. 하루에 다섯 시간쯤 인
터넷을 사용하며 페이스북과 카카오톡에 대부분의 시간을
할애한다. 소현은 평소 화장법과 패션에 관심이 많다고 스스
로를 소개했다. 이런 소현의 관심사를 반영하듯, 페이스북에
서도 주로 화장품과 의류에 대한 새로운 쇼핑 정보를 주로
확인한다고 했다. 또 또래들은 요즘 어떻게 입는지를 보면서
유행을 파악한다.

　혜연도 소현과 마찬가지로 일반고 1학년에 재학 중이며,
소셜 미디어를 이용하기 시작한 것도 중학교 1학년 때부터다.
관심사도 화장과 패션으로 비슷했다. 소현과 혜연 둘 다 필자

를 만나는 면접 조사에 화장한 얼굴로 나타났고, 주로 방문하는 쇼핑몰을 알려달라고 했을 때도 같은 쇼핑몰들을 추천해 주었다. 페이스북에서 유통되는 다양한 또래의 패션 이미지를 통해 어떤 옷을 사야 할지, 어떻게 입어야 할지 배우고 있다는 것이었다.

소현과 혜연이 이야기하고 있듯이, 화장 등 외모 꾸미기는 10대 여성에게는 상시적으로 확인하고 익혀야 하는 것처럼 보인다. 이때 소셜 미디어는 배워야 하는 패션 뷰티 영역에 관한 가장 최신의, 다양하면서도 취향에 맞춰진 정보의 장이다. 소셜 미디어에서 사실상 광고에 준하는 화장품 신제품이나 의류 쇼핑몰 정보는 '이렇게 활용하라'는 또래들의 제안과 후기의 방식을 띠고 있다. 이를 보는 10대 여성은 광고가 아니라 또래 집단의 분위기와 각종 필요한 정보를 '배우는 것'(소현)이라고 생각한다.

한편 10대 여성에게 '패션 뷰티' 정보가 주요한 관심사이자 학습 대상으로 자리 잡은 데는 이 분야가 커리어의 영역으로 확장된 사회 변화가 한몫했다. 게다가 이미지 등 시각적으로 자신을 드러내는 것에 따른 사람들의 관심이나 평가가 소셜 미디어 내 개인의 평판이 되는 새로운 문화 현상 덕분이기도 하다. 이 같은 배경에서 10대 여성은 스스로를 특정한 방식으로 연출하고자 하는 매우 적극적인 문화적 욕망을 품고 또 표현해야만 하는 것처럼 보인다.

제 목표는 브랜드를 내는 건데. [페이스북의] 그룹 같은 거 있거든요 패션 관련 그룹이나 여러 가지. 거기서 뭐 알게 되거나 사진 올리면 친구 신청 오거나 그래요. 요새는 어떤 옷을 많이 입나 이런 거 보고. 페북 친구들도 그냥 옷 좋아하는 사람들이나 그런 사람들.(정임)

서울패션위크 그런 거 많이 올라오잖아요. 스트리트 사진 이나 컬렉션. [학교 선생님들이] 그런 거 많이 보라고 하셔서. 학교에서도 틈 날 때마다 보라고. 근데 개인적이긴 해요. 옷 사려고 할 때도 요즘 뭐 많이 입나 그런 거 보고 하니까.(다은)

꿈이 패션 디자이너인 정임과 다은에게 소셜 미디어는 자신들의 꿈에 대한 비전은 물론 자신을 매력적인 방식으로 연출할 수 있도록 도와주는 정보의 장이다. 둘 다 특성화고 3학년에 재학 중인 정임과 다은은 학교라는 시스템에서 대입을 준비하는 일반 고등학생들이 수능 준비를 하는 것과 비슷하게 패션에 대한 최신의 감각을 익혀야 하는 것을 요구받고 있었다. 노동의 영역이 된 패션은 '서울패션위크'와 같은 소비적 행사를 커리어를 준비하고자 지속적으로 모니터링해야 하는 대상이 된다. 학교 공부와 자신의 꿈을 실현하는 과정이라는 내외부적 요인 때문에 정임과 다은에게 패션은 일상적으로 주시하고 트렌드를 파악해야 하는 학습 대상이며, 따라서 이 소비의 영역은 명확히 정보로서의 가치를 지닌다. 즉 패션 뷰티에 대한 일상적인 소비 실천은 자기관리와 평판에 대한 욕망, 소위 매력적인 여성으로 보이고자 하는 연출 욕망과 직결되어 있으며, 이것이 그들에게는 '즐거움', '놀이', '향유', 나아가서 '미래'의 영역이 된다.

페이스북에서 긴 머리 웨이브가 계속 뜨면 긴 머리 웨이브가 예쁜가 보다. 매일매일 트윈룩 올라오잖아요. 친한 친구랑 아예 똑같진 않은데 비스무리하게 입는 거예요. 옷 이미지 사진 같은 거 찍으러 갈 때 트윈룩으로 해서 찍는 거죠. 저는 처음 본 게 페이스북이었어요. '친한 친구들'이라는 페이지에서 요즘 친한 친구들은 트윈룩 입는대요, 하고 올라오고. 어느 순간부터 트윈룩이 좍. 또 제 친구들은 이미지를 다 그렇게 찍고. (파급력이 엄청 있군요.) 네, 실제로.(수영)

SNS로 뭐 이번에 어디서 공구한대, 이런 거 있잖아요. 화장품 공구, 해외 화장품 공구. 거기서 많이 하고. 스타일쉐어 이런 거 있잖아요. 그런 거에도 막 많이 올라오고 있으니까. 엄청 유명해요. 옷 입는 거 관심 있는 애들은 다 본다고 할 수 있죠. 페북보단 적지만 여자들이 많이 하는. 남의 스타일을 보면서 자기도 참조하고. 좀 더 예쁘게 옷 입고 싶고 좀 더 감각 있어 보이고 싶고. 스타일쉐어 한다는 것 자체도 내가 옷 입는 데 관심 있는 사람이야, 이런 거. (그게 왜 중요해?) 여자니까 옷을 잘 입는 게 좀 중요하죠.(예은)

수영은 또래의 화장이나 헤어스타일, 패션 등이 페이스북에서 자주 보이는 이미지나 상품 정보와 비슷한 경우가 많다고 말한다. 갑작스럽게 친구들 사이에 유행이 시작되는 것들은 대개가 '요즘 이렇대요' 하는 방식의 페이스북 정보에서 시작됐다는 것이다. 수영과 만났을 때 유행 중이던 스모키, 긴머리 웨이브, 트윈룩 모두 페이스북에서 또래 사이로 퍼져나간 것이라고 했다. 예를 들어, '요즘 친한 친구들은 트윈룩을 입는다'는 페이스북 정보는 트윈룩에 대한 트렌드와 소비를 만들 뿐 아니라 '친한 친구' 사이의 친밀함을 규정하기도 한다. 친구와 트윈룩을 입고 함께 찍은 사진을 찍어 소셜 미디어에 업로드했을 때 마치 누구나 인정하는 친한 친구임을 인정받는 식이다.

  자사고에 재학 중인 예은이 소개하는 '스타일쉐어'[4]는 표

---

4   스타일쉐어는 '옷 좀 입는다' 하는 이용자들이 자신이 입은 코디나 새로 사거나 가지고 있는 옷과 신발을 사진으로 찍어 공유하는 앱이다. 이 앱 환경에서 상

면적으로는 패션 스타일을 공유하고 자신의 감각을 뽐낼 수 있는 판을 깔아주는 것 같지만, 사실은 패션 상품의 전시장이다. 이 앱에서 셀피를 업로드할 때는 사진 속의 옷과 신발, 모자와 가방 등이 어느 브랜드인지를 입력해야 한다. 상품 정보는 광고가 아니라 궁금했던 비밀스러운 정보로, 그러한 '감각'을 또래와 나누고 익히고 또 인정받기 위한 요인으로 받아들여진다. 또래 사이에서 '옷 잘 입는다'고 인정받는 이들은 모두 소셜 미디어를 통해 자신의 스타일을 공유하고 또 다른 사람들의 스타일을 참고하면서 또래 문화의 장을 형성한다. 그런데 그 스타일을 얻으려면 소비가 불가피하다.

그런데 소셜 마케팅은 노골적인 광고 대행자의 역할을 숨기고 친절한 정보 제공자이자 이용자 간 소통의 연결고리 역할을 하고 있는 것으로 보이고 싶어 한다. 트윈룩을 친한 친구 관계의 서사로 만든 것처럼, 소비나 상품에 상징 가치와 의미를 부여하고, 이를 그 광고 타깃 당사자들의 목소리를 빌어 소문을 퍼뜨린다.

10대 여성의 소셜 미디어 일상을 듣다 보면, '패션 뷰티'가 이들의 삶에서 생각보다 중요한 위치에 있다는 생각을 지울 수 없다. 친구와의 우정을 확인하는 방법, 유행에 뒤처져

업성이라는 것은 명확하게 드러나지 않는다. 오히려 다양한 정보 가운데 하나로 여겨지기 때문이다.

있지 않다는 감각, 자기관리, 자기계발의 주체로서의 감각 등이 최신의 패션 뷰티 상품을 따라잡고 또 전시하면서 달성되고 있는 것처럼 보인다. 화장과 다이어트, 성형, 패션 등의 외모 가꾸기와 관련된 영역은 소비주의의 문제일 뿐 아니라 오늘날 소비 실천과 그 권리 뒤에 가려져 있는 여성들의 삶을 조직하는 원리가 되고 있다.

10대 여성을 위한 정보의 풀이 형성된다는 것은 곧 시장이 형성된다는 것을 의미한다. 10대 여성은 소셜 미디어를 하는 동안 '좋아요'나 '공유' 버튼으로 자신이 원하는 혹은 필요로 하는 정보를 자율적으로 선택하고 있다. 동시에 그 때문에 늘 광고에 노출된다.

처음에 모을 때부터도 아예 이렇게 작정하고 모은 거거든요. (여성을 모으겠다, 이렇게?) 네. 여성 위주로 만들었어요. 아까 콘텐츠 보셨잖아요. 여자들이 호응할 수 있는 것들. 그런 거죠. 콘텐츠를 보면 알 수가 있는데.(사례 B)

[우리 회사가 지금 운영하고 있는 페이지는 세 개인데] 개별적으로. 성향이 조금씩 달라요. OOO 같은 경우는 대놓고 옷 광고를 해도 욕 안 먹는 페이지. 컨셉이 그런 거죠. 쇼핑 정보를 주는 거죠. 요즘 여기서 뭘 할인한다, 여기가 뭐 싸다 [하는] 이런 툴이고. (하지만 이 세 페이지 모두

자사의 제품을 조금조금 노출하는?) 네, 활용을 하는 거 죠.(사례 C)

10대 여성의 관심을 끌 때 주요한 광고의 프레임은 전통적인 매거진 형식을 따라 필수 정보임을 부각하는 방식을 사용한다. 이러한 목적을 가진 페이지들은 작정하고 10대 여성이 호응할 수 있는 정보를 만들어낸다. 그 구체적인 내용들은 주로 화장품, 드라마, 맛집, 데이트, 연애, 패션, 인테리어 등이다. 페이지에서 다루는 정보들이 이와 같다는 것은 다시 말해 이러한 범주의 정보만큼 소셜 미디어에 소비시장이 진출해 있다는 말이 된다.

　　사례 C는 아예 "대놓고 광고를 해도 욕 안 먹는 페이지"를 만들었다. 페이스북의 페이지 주제 자체를 '쇼핑 정보'로 잡았기 때문에 자신들이 만들어 파는 상품 정보를 업로드하는 것이 자유롭다. 사례 B가 운영하는 페이지 역시 쇼핑 정보를 대놓고 알려주는 페이지는 아니지만, '겟잇뷰티'[5] 같은

5　'겟잇뷰티'는 종편의 텔레비전 쇼로, '특급 뷰티 노하우' 제공을 프로그램 기획 의도로 밝히고 있다. 이 프로그램은 주로 화장품과 헤어스타일링 정보를 제공한다. 그리고 블라인드 테스트의 형식을 거쳐 상품을 광고하기도 한다. 이 블라인드 테스트에서 상위 순위에 랭크된 상품들은 그 다음날 품절될 정도로 10대와 20대 사이에서는 화장품 구매의 중요한 레퍼런스로 기능하며, 이 정보들은 다시 소셜 미디어로 퍼 날라진다.

동종 상품을 비교해 순위를 매긴, 10대 여성에게 익숙한 뷰티 정보 프로그램의 포맷과 비슷하게 각종 영역의 상품에 순위를 매긴 정보를 제공하는 방식으로 신뢰를 확보하고 있다.

소녀성, 새로운 10대의 여성성

우린 즐거우니까. 오히려 페북한테 고맙죠. 많은 사람끼리 만나게 해줬으니까. 블로거들 잘하면 돈 받잖아요. 그리고 그 사람이 잘 쓰면 사람들이 보러 많이 오고, 사람들이 많이 오면 히트 수도 올라가고, 그러면 돈벌이도 되고 유명해지고, 자기가 좋다고 해서 써봤는데 좋았다고 하고. 글 올리면 뿌듯하고. 모두가 좋잖아요.(수영)

'좋아요' 수 늘리면 늘릴수록 그 페이지의 가치가 높아져서 나중에 그 페이지를 다른 사람한테 파는 사람도 있다고, 그게 자세히는 모르겠는데 '좋아요'가 늘리면 늘려질수록 돈이 들어온다고 해야 되나? 그래서 그런 걸 위주로 해서 더 '좋아요'가 많이 늘리게 약간 자극적인 거를 게시하는 페이지도 있는 것 같아요. '좋아요'를 누를 때 '좋아요' 몇 명이 눌렀는지 보이잖아요. 그걸 봤을 때는 '아, 이 사람 좀 페이지 가치 높아졌구나' 그런 생각은 하긴 해요. '좋아요' 수 올리려고 자극적인 거 올리는 페이지는 좀…. 근데 그런 것도 전 일종의 직업이라고 생각을 해서. 만약에 페이지 관리하는 그 사람들이 없으면 우리가 받는 정보도 좀 막힌다 그래야 되나? 정보의 개수나 폭도 좀 좁아지고 하니까 너무 심하게 상업적으로 티를 안 내면 괜찮을 거 같아요.(소현)

10대 여성은 볼거리, 즉 유용한 정보를 늘려주는 것이기 때문에 광고가 다 나쁜 것은 아니라고 생각한다. 광고 시장은 10대 여성에게 공짜 콘텐츠를 제공해 주는 장이다. 소현은 자신이 관심 있게 즐겨 보는 메이크업 관련 블로거나 유튜버, 페이지 관리자들을 노동자라고 생각한다. 자신의 노하우를 제공하는 것이 '밥벌이 수단'이라는 것이다. 소현은 소셜 미디어를 '밥벌이 수단'으로 삼는 사람들을 부정적으로 보지 않는다. 오히려 노골적으로 상업적인 티를 내지 않는 한, 이 사람들은 자신과 같이 소셜 미디어 정보를 필요로 하는 사람들에게 없어서는 안 될 존재다.

수영 역시 '페북한테 고맙다'고 생각한다. 소셜 미디어는 커뮤니티를 만들어주고 또 정보를 제공하는 사람들에게 돈을 벌 수 있는 장을 마련해 준다는 것이다. 그래서 자신과 같은 이용자들은 더욱 질 좋은 정보를 얻게 되었다는 것이다. 대부분의 정보를 소셜 미디어로 접하는 10대 여성들은 소셜 미디어에서 협찬을 받든, 광고를 하든, 보다 적극적으로 정보를 생산해 내고 있는 주체가 없다면 이용자들이 접할 수 있는 정보 역시 줄어들 거라고 생각한다. 따라서 소셜 미디어의 상업적 측면은 큰 문제가 되지 않는다.

10대 여성은 화장품, 패션, 연애, 다이어트 등의 상품 시장에서 비롯된 동일한 레퍼런스로 공통적인 인구 집단으로 재범주화된다. 이 정보들은 10대 여성이 네트워크화되는 데도 중요한 매개체다. 또래 네트워크가 소셜 미디어에서 그 실체가 가시화되면서 또래 내에서 여성성에 대한 합의가 이루어진다. 그것은 주로 패션 뷰티 분야의 소비로 채워진 소셜 미디어의 뉴스 피드로 확인할 수 있다.

패션 뷰티 분야의 유명인에 대한 10대 여성의 동경, 이와 관련된 정보의 수집과 공유를 통해 느끼는 즐거움은 소비자본주의와 본격적으로 유착되고 있는 새로운 10대의 여성성, 즉 '소녀성'을 가리킨다. 오늘날 10대 여성은 더는 가사노동이나 어머니 역할 등과 연관되어 정의되지 않는다. 그것은 양질의 교육, 남성과 동등한 기회와 경쟁, 그리고 적극적인 성적 주체로서 정의된다. 10대 여성은 일상에, 또래 관계에, 미래 전망에 침투해 있는 상업화된 패션 뷰티의 적절한 소비와 자기관리로 자신감을 얻으며, 성적으로 임파워되고 있다.[6]

6   David Machin and Joanna Thornborrow, "Branding and Discourse:

패션이나 유행, 자기관리라는 이름의 옷을 입은 새로운 여성성은 소비자본주의 속에서 점차 과잉되고 있지만 성별화된 것이라기보다 개인적인 선택과 취향으로 여겨진다. 10대 여성에게 주목받는 인물들은 패셔너블하고 감각적인, 그래서 성공적이고 매력적인 여성이다. 그들은 계급이나 학력 등과 무관한 것처럼 보이는 스타일적 주체와 소비 상품화된 라이프스타일의 영위에 대한 욕망과 환상을 소비를 통해 만들어가고 있다.

소셜 미디어 문화적 특성인 능동성과 자유, 자율성은 소비주의와 개인주의적 가치가 결합하는 경향으로 나타난다.[7] 소셜 미디어에서의 자발적 자기 전시, 자기의 정보화는 자기계발과 개별화한 개인 능력을 강조하는 신자유주의적 에토스와 밀착되어 있다. 소셜 미디어에서 10대 여성의 능력으로 여겨지는 다양한 요소, 예컨대 유행 속도에 맞춘 빠른 상품 소비, 또래 네트워크 감성에 적합한 자기 전시 등은 자율성, 자기계발이라는 신자유주의적 이상의 여성적 버전을 위한 변

The Case of Cosmopolitan," *Discourse&Society* 14(4) (July 2003): 453 – 71; Angela McRobbie, "Post-feminism and popular culture," *Feminist Media Studies* 4(3) (Nov. 2004): 255-264; McRobbie, *Aftermath of Feminism*.

7   김예란, 「디지털 창의노동: 젊은 세대의 노동 윤리와 주체성에 관한 한 시각」, 『한국언론정보학보』 69 (2015): 71-110.

주다. 그리고 여기에서 승인되는 10대 여성의 능력은 소비문화와 이성애 섹슈얼리티, 10대 여성성을 적절하게 연결한다. 또한 그것은 성형수술과 운동, 옷 입기, 화장하기를 통해 경제적, 문화적으로 참여하는 소비문화에 완전히 몰입할 때 인정받는다. 즉 10대 여성은 소셜 미디어 공간에서 자신의 외모나 인맥, 평판을 구축하는 것이 개인의 능력임과 동시에 특정한 수준에 도달하려면 노력해 성취할 필요가 있는 것으로 받아들인다.

패션 뷰티는 또래 네트워크에서 공유되는 '예쁨'이나 이성애적 매력과 같은 10대 여성성의 정서와 감각, 그리고 소비상품을 통해 획득되고 유지될 수 있다는 자기관리, 자기계발적 측면을 아우른다. 10대 여성이 얻고자 하는 이 '예쁨', '스타일리시'는 또래 네트워크에서 공유되는 정보를 탐색하고, 적극적으로 그 상품 정보를 수소문한 끝에 얻을 수 있는 것이다. '예쁨'이라는 이 감각은 평판이라는 소셜 미디어 문화적 가치에서 자주 보이는 얼굴, 헤어스타일, 화장법, 패션 스타일 등으로 체득될 수 있다. 또한 이 감각은 실시간이라는 소셜 미디어의 유행 속도에 맞춰 적절하게 소비하고 기업가적인 감각으로 다양한 장치와 평판을 고려해 운영되어야 하는 것이다. 따라서 10대 여성에게 '예쁨'은 성취, 인기, 평판이라는 자기계발 영역으로 확장된다.

또래 네트워크

소셜 미디어에 형성된 소비시장은 10대 여성의 소셜 미디어 활동과 긴밀한 관계를 유지한다. 예컨대 소셜 미디어 마케팅 시장에서 활용되는 콘텐츠들은 개인 인터넷 이용자의 블로그나 페이스북, 인스타그램 혹은 인터넷 커뮤니티 등에 업로드한 게시물인 경우가 다수를 차지한다. 수많은 시간을 들여 찍은, 가장 예쁘게 나온 프로필 사진, '팬'으로서 공유하는 특정 인물이나 장소에 관한 정보 등은 그 자체로 소셜 미디어의 읽을거리를 형성할 뿐 아니라 '자연스러운' 유행 흐름을 만들어낸다. 소셜 미디어 마케팅에 적극적으로 동원되는 '페북 스타', '얼짱' 같은 인플루언서나 소위 '터진' 상품, 쇼핑몰 등은 모두 10대 여성의 또래 네트워크에 힘입어 유명세를 얻은 경우다.

10대 여성 당사자가 만든 소셜 미디어 콘텐츠는 10대 여성의 상품을 만드는 기업이나 마케팅 기업에게 이들의 취향과 최신 트랜드를 알려주는 훌륭한 자원이 된다. 평판과 인기를 얻는 것이 중요한 소셜 미디어의 분위기에서 자발적으로 생산해 내는 이 많은 콘텐츠 가운데 누군가가 공유하고 인용해 준다는 것은 아주 좋은 일로 여겨진다. 이를 통해 이용자 개인은 유명세를 얻을 수 있기 때문이다.

첨엔 50장만 찍고 올렸는데 점점 욕심이 생기더라구요. 페북 올리면 뿌듯하고. 사진을 엄청 여러 번 찍잖아요. 제가 자체 심사를 해요. 그래서 한 백 장 찍었다 그러면, 열 장 남기고 다 지워요. 열 장을 다 마음에 들게 보정을 해요, 친한 친구한테 열 장을 보내는 거예요. 이 중에 뭐가 제일 나은지. 그렇게 다섯 명한테 물어봐요. 친한 남자애 두 명에, 여자애 두 명에. 여자 입장만 보기 싫으니까. 그중에 한 명이라도 열 장 다 별로다, 이러면 신경이 쓰이는 거예요. 올릴 때, 이거 별론가? 근데 올린 다음에 '좋아요' 많이 달리면 뿌듯하고. 그래서 사진 찍고 수정해서 애들한테 보내는 것까지 하면 거의 한 시간 걸리는 거 같아요.(연주)

학교에 다니지 않고 홈스쿨링을 하고 있는 연주는 소셜 미디어에 업로드하거나 프로필 사진으로 활용할 셀피를 무척 중요하게 생각한다. 그만큼 고심해서 촬영하고 선별한다. 우선 한 번에 백 장 정도 촬영하는 것은 기본이다. 촬영이 끝난 뒤에는 스스로 하는 1차 선별 과정을 거친다. 이후 이 사진들을 보정한 뒤 친구들에게 선별을 요청한다. 성비를 고려한 친구들의 의견 수렴까지 거친 뒤 그 사진은 드디어 소셜 미디어 피드에 업로드될 수 있다. 이렇게 하기까지 대략 한 시간 정도가 소요된다.

소셜 마케팅 시장의 콘텐츠는 이같이 부단한 노력이 투

여된 10대 여성의 자기 전시를 통해 만들어진다. 소셜 마케팅 업계는 또래 네트워크를 염두에 둔 10대 여성의 자기 전시와 또래 네트워크에 소속하고자 하는 욕망을 상업적으로 적절히 활용하는 방법으로 비용을 거의 들이지 않고도 광고 상품을 노출시킨다.

(어떤 방식으로 체감이 돼요?) 매출이죠. 매출이고, 그리고 많이 입고 올라와요. 구매한 사람들 자기 SNS에 자랑을 하는 거죠. 왜냐면 다른 사람도 알고 있으니까. 그게 만약에 포털의 일반적인 배너 광고였으면 저만 아는 거잖아요. 저만 예뻐서 산 거잖아요. (나만 이거 배너 뜬 거 봤으니까.) 나 이번에 이거 샀는데 예쁘더라 하고 올릴 수는 있어요. 근데 주변에서 아무도 모른단 말이죠. 근데 이거 사서 예쁜데 올렸더니 '어, 너 이거 샀어? 나도 이거 사고 싶었는데.' (페북 페이지로 애들 타임라인에 떴기 때문에?) 네. 그런 것들이 인제 저희한테 제보가 오죠. 홍보가 자동으로 되고 있는 거죠. 요즘은 인스타그램에 한 번 올리고 그다음에 페이스북으로 연동할 때도 있거든요. 그러면 해시태그를 달아요. 해시태그를 달아서 올라오기 때문에 사람들 아는 거죠. 아, 얘도 입고 있네.(사례 C)

사례 C는 소셜 미디어 광고를 하는 이유를 자신이 구매한 상품을 'SNS에 자랑'하는 10대 여성의 과시 욕구 때문이라고 설명한다. 소셜 미디어에서 친구 관계로 맺어진 네트워크에서는 공통된 정보가 공유된다. 그렇기 때문에 소셜 미디어에 노출된 상품을 구매했을 때 그 상품은 이미 그 네트워크에서 인지도가 있는 상태다. 또래 네트워크가 모두 알고 있는 상품을 자신의 타임라인에 게재했을 때는 아무도 알지 못하는 상품을 구매했을 때와 달리 또래들에게서 더 많은 반응을 기대할 수 있다. 즉 어떤 소비를 할 것인가는 소셜 미디어에서의 소통의 즐거움과 직결된다.

스스로 페북 스타이며 지금은 마케팅 회사에서 페북 스타 관리 업무를 병행하고 있는 나현은 소셜 미디어에 형성된 소녀성 산업이 10대 여성 사이에 형성되는 인터넷 문화와 불가분의 관계에 있다고 설명한다.

> 10대들을 타깃팅하는 상품들도 많은데, 그 상품을 10대들이 좋아하는 페북 스타 애들한테 맡기다 보니까 그 상품이 10대들한테 좋아서 막 사는 게 아니고, 그걸 홍보하는 애들이 10대 페북 스타 애들이니까. 걔들이 워너비라고 또 사고. 페북 스타 애들이 걍 만들어낸. 제품이 막 10대들한테 좋아서 그런 게 아니고.(나현)

나현은 페이스북이 10대를 위한 마케팅의 장이 된 이유를 또래 인플루언서의 존재 때문이라고 이야기한다. 10대 여성은 또래 인플루언서의 페이지를 상시적으로 구독하면서 유행을 미리 확인하거나 자신이 동경하는 페북 스타를 모방하는 데 유용한 정보를 얻곤 한다. 이때 유용한 정보는, 페북 스타들이 입은 옷이나 사용한 화장품, 컬러 렌즈의 색깔이나 구매처 등의 소비 정보다.

이런 점에서 또래 네트워크는 소녀성 산업 유통망의 중요한 요소다. '좋아요'나 '소환', '공유' 버튼으로 엮인 또래 간의 촘촘한 공유 네트워크는 그 자체로 개인 이용자와 그들의 활동을 순간적으로 상품으로 전환시킨다. 즉 10대 여성 사이에서 선호되는 게시물은 보다 방대한 친구 인맥이 동원되면서 점차 콘텐츠로 전환되기 시작한다. 수많은 10대 여성의 얼굴을 포함한 일상 사진들은 이와 같은 과정을 통해 일종의 '콘텐츠'로 전환된다. 그 게시물에 '좋아요'를 누름에 따라 계속해서 친구 인맥을 타고 퍼져나간다. 그리고 그 퍼져나가는 속도와 범위에 따라 지극히 개인적인 게시물은 그 첫 게시자의 의도와 상관없이 곧 또래 전체가 알게 된다.

페이스북 뜨는 거 한순간이잖아요. 망하는 것도 딱 한순간이고. 페이스북 뜨면 또 확 뜨고. 그니까 그게 그만큼 많은 사람이 하고, 많은 관심이 가고, 또 많이 보니까 막 유명해지는 사람들도 자기가 유명해질지 몰랐을 거 아니에요. '아, 이 사람 있네, 예쁘네' 하고 뜨는 거죠. 한순간에.
근데 또 그렇게 뜨는 사람들 보면 10대이고.(은진)

소셜 마케팅 회사와 계약한 뒤 페북 스타로 본격적인 활동을
시작한 은진은 페이스북의 또래 네트워크의 갑작스러운 관심
덕분에 '페북 스타'가 되었다. 어느 날 업로드한 자신의 셀피
한 장이 갑자기 급속히 공유되면서 친구 수가 기하급수적으
로 늘고, '팬'이라며 댓글을 다는 사람들이 생겼다. 은진은 스
스로가 유명해지는 과정이 이해하기 어려울 정도로 갑작스러
웠다.

은진의 말처럼, 한순간에 유명인이 되는 것은 전적으로
또래와 긴밀하게 연결되고 싶어 하는 10대 여성의 소통 문화
에 기반한다. 10대 여성은 같은 것을 보고, 같은 것을 알고
있으며, 또 그것에 함께 반응하면서 또래 네트워크의 소속감
과 친밀감을 느끼기 때문이다.

소녀성 산업은 이런 방식으로 작동하는 또래 네트워크
를 상업적으로 포획하고자 한다. 소녀성 산업은 10대 여성 이
용자에게 콘텐츠 생산뿐 아니라 네트워크화된 관심과 유명세
를 만들어낼 것을 기대한다. 10대 여성의 소통 문화는 의도
치 않게 이 같은 기대에 부응하고 있다. '페북 스타'나 '얼짱'
에게 협찬 광고가 주어지는 이유는 바로 또래 네트워크를 작
동시키고자 함이다. '얼짱'이나 '페북 스타'는 소녀성 산업의

유통망 역할을 맡고 있는 셈이다. 소녀성 산업에서 소비 상품이 10대 여성 사이 최신의 트렌드를 주도하고 소위 '워너비'한 일상을 위한 필수품으로 소개되고 있기 때문이다. 이때 또래 네트워크가 유지되는 데는 친구들의 타임라인과 각종 정보를 수시로 확인하고, '좋아요'나 '댓글', '공유' 등을 통한 반응하기, 이 반응을 고려한 게시물 업로드라는 일련의 디지털 노동에 참여하는 일이 필수적이다.

> 연예인은 너무 화려하니까 못 따라하고. 언니, 옷 잘 입는 친구, 쇼핑몰 피팅 모델이 입은 윗도리, 아랫도리 그대로.(연주)

> 블로그를 보고, 아 예쁘다, 이렇게 해서. 뭐 사실 굳이 똑같이 하기도 귀찮고. 굳이 똑같이 입으려면 이거 사고 저거 사고. 연예인이 입는 건 보통 구할 수가 있는 것 자체가 없고. 그래서 그냥 쇼핑몰, 주로.(연경)

연주와 연경은 소셜 미디어를 통해 상품 정보를 얻는다. 옷을 사거나 화장을 할 때 이들이 참고하는 것은 '옷 잘 입는 친구', '쇼핑몰 피팅 모델 언니'들이다. 연예인은 따라잡을 수 없을 만큼 너무 화려하거나 이들이 사용하는 상품은 구하기도 어렵다. 그렇지만 소셜 미디어에는 연예인만큼 아름다운 외모의 또래가 10대 여성이 살 수 있을 법한 수준의 상품을 사용한다. 따라잡을 수 없는 연예인 대신 소셜 미디어의 유명 여성들은 심리적 거리감뿐 아니라 실제로 대화도 할 수 있고 친구 맺기도 쉽다. 이런 이유로 '페북 스타', '유튜브 스타' 등의 신조어가 있을 정도로 소셜 미디어에서 인기를 얻은 또래 일반인이 더 많은 관심을 받는다.

이제 즐겨찾기 해놓고. 자주 들어가는 언니들 사이트. 거의 화장품. 화장품하고 옷. 옷 좀 잘 입는 언니들. OOO[유명 화장품 브랜드]랑 협업한 언니 있거든요. 이름이 포니에요. 아, 지금 쳐보면 나올 걸요. … 정보는 내가 모르는 뭔가를 더 알려주게 하는 언니 같은 역할. 예를 들면, 경험해 본 거. 커뮤니티 하는 사이트에 여자들 경험 얘기들 올라오거든요. [성]관계 같은 것도 올라오고. 화장품이 제일 많아요. 애들은 화장품 사기 전에 다 블로그 찾아봐요. 저도 어디 것 살 때 인터넷 후기 보고 마음 바꾸기도 하고, 실제로 인터넷에서 '이게 좋대' 하고 산 것도 많아요.(예은)

유튜브 하는 사람. 씬님이라고 있거든요. 거기서 제품 리뷰 같은 것도 많이 하니까 그런 것도 보고, '아, 이거 좋구나' 하고 진짜 똑같은 거 사고. (근데 그거 광고일 수도 있잖아요?) 근데 뭔가 그건 신뢰가 가요, 그냥. 그 사람이라면 믿

음이 가요. 그리고 대중적인 브랜드를 사니까 광고는 아닐

거라는 생각도 하고.(재민)

10대 여성은 적어도 한두 명의 인터넷 유명인을 지속적으로 '팔로우'하거나 '구독'한다. 예은과 재민 모두 화장과 패션을 주제로 하는 패션 뷰티 블로거 혹은 뷰티 유튜버의 소식을 구독 중이다. 이 두 여학생은 공통적으로 뷰티에 대한 관심이 대단하다. 둘 다 뷰티 유튜브를 챙겨보고 있었는데, 예은은 '포니'를, 재민은 '씬님'을 즐겨본다고 했다. 특히 예은의 경우, '포니'를 롤 모델이라고까지 이야기했다. 예쁜 데다 능력이 있기 때문이다.

이들은 뷰티 유튜버의 제품 리뷰 영상을 보고 화장품을 따라 사거나 화장법을 배우기도 한다. 소셜 미디어 콘텐츠 생산자를 '모르는 것을 더 잘 알려주는 언니'라고 묘사한다. 기존의 레거시 미디어 광고가 쉽게 가닿을 수 없는 스타에 대한 동경을 생산하고 활용했다면, 이 '언니' 혹은 또래를 경유하는 소셜 미디어 광고는 보다 쉽게 접근 가능한, 그래서 유용한 정보로 여겨진다. 이렇게 소셜 미디어 정보의 상업성과 비상업성의 경계는 점차 모호해진다. 이 같은 방식으로 소셜 미디어는 상업적 정보를 상업적이지 않은 방식으로 유통할 수 있는 판을 마련하고 정보의 외연을 점차 확장할 수 있다.

4장 '좋아요'가 돈이 되는 과정

레거시 미디어 광고에서 관객(시청자나 독자)이 광고주에게 상품으로 팔린다면,[1] 소셜 미디어 광고에서는 이용자가 상품이 된다. 언뜻 비슷해 보이지만 광고 효과는 소셜 미디어에서 더 강력하다. 소셜 미디어의 이용자는 공유하기나 인증샷 업로드 등의 소셜 미디어 활동으로 다른 이용자들과의 소통을 창출하기 때문이다. 상호작용 덕분에 광고는 더 많은 사람에게 퍼져나갈 수 있다. 페이스북이나 구글이 실현하고 있는 타깃 광고는 관객의 상품화라기보다 오히려 인터넷 프로슈머의 상품화로 볼 수 있다.[2]

  사회학자 크리스티안 푸후스(Christian Fuchs)에 따르면,

---

1   D. W. Smythe, "On the audience commodity and its work," ed. by Meenakshi Gigi Durham and Douglas M. Kellner, *Media and cultural studies: Keyworks* (Hoboken, NJ: Blackwell Publishing, 1981), 230-256.

2   Christian Fuchs, *Culture and Economy in the Age of Social Media* (London: Routledge, 2015).

이용자들의 참여 활동은 일종의 디지털 노동으로서, 자본이라는 가치를 생산한다.[3] 그리고 이때 온라인 노동 시간은 이용자들이 실제로 소셜 미디어에 참여하는 시간으로, 프로필과 소셜 네트워킹, 온라인 행동 등의 데이터를 수집할 수 있도록 하는 시간이다. 페이스북을 위시한 소셜 미디어 기업은 그들의 이용자 생산 데이터를 광고에 대한 상품으로 판매하는 한편, 이용자들에게는 타깃 광고를 보여준다.

이용자가 사회 자본, 문화 자본, 상징 자본을 만드느라 상업적 소셜 미디어 플랫폼에 사용하는 시간은 프로슈머, 즉 이용자 생산 활동의 상품화를 자본으로 변환시키는 과정이다.[4] 이를테면 "상업적 소셜 미디어에서의 노동 시간은 부르디외적인 사회 자본, 문화 자본, 상징 자본을 마르크스주의적인

---

3   위의 책.
4   개인 신상정보를 포함해, 이용자가 생산하는 정보는 이용자 간 인터넷에서의
     특정 지위(파워 블로거, 인기 인스타그래머, 팔로어가 많은 트위터리안 등)를
     만들어낼 뿐 아니라, 소셜 미디어 기업의 수익 구조이기도 하다. 소셜 미디어 기
     업이 관심을 갖는 것은, 이용자 간 민주적 소통이나 우정보다는 정보 생산과
     유통의 활성화, 생산된 정보의 활용 방안에 있다. 얼마전 불거진 구글과 페이스
     북의 이용자 개인 정보를 활용한 마케팅, 광고 수익의 문제에서부터, 포털 사이
     트의 메인 페이지에 '어떤 정보', 즉 '어떤 블로거의 글'을 선별해 띄울 것인가의
     문제에 이르기까지, 소셜 미디어에서 이용자의 정보가 다루어지는 구조는 소
     셜 미디어 기업의 수익 구조에 직결된 문제임을 보여준다. 웹2.0 기업들은 이용
     자의 적극적 참여를 기반으로 그들을 고객으로 만들고 동시에 소비자로 끌어
     들이는 방식으로 수익을 창출한다.

가치와 경제적 자본으로 바꾸는 것이다."[5] 엄밀히 말해 이용자들은 무임으로 일하며 콘텐츠와 커뮤니케이션, 사회관계와 거래되는 데이터를 생산한다. 그리고 이는 광고주들에게 팔릴 데이터 상품의 일부가 된다.

10대 여성이 일상적으로 벌이는 페이지 구독과 공유 활동은 페이스북이 광고 상품을 파는 데 필요로 하는 가장 기본적인 요소가 된다. 예컨대 '좋아요', '공유' 등의 적극적인 온라인 행동은 그 콘텐츠의 인기를 높이는 데 기여한다. 이런 방식으로 10대 여성은 자신들이 인지하지 못하는 새 상업적 광고를 퍼 나른다.

또한 특정 페이지를 구독하는 이용자들의 활동은 결과적으로 페이스북에 또 다른 추천 페이지를 권유할 수 있도록 데이터를 제공하는 셈이 된다. 이것이 소셜 미디어에서 타깃 광고를 가능하게 하는 기본적인 로직이다. 10대 여성의 이 같은 공유 활동 없는 지금 소셜 미디어가 막대한 돈을 벌어들이는 수입원인 타깃 광고 상품은 애초에 불가능하다. 대표적으로 페이스북이 자사 플랫폼 알고리즘인 엣지랭크를 변경해 비디오나 사진보다 텍스트에 가중치를 더 부여한 맥락도 바로 이 때문이다. 초기에 많은 기업, 개인 이용자가 페이스북의 광고 상품을 이용하지 않고도 페이스북에서 파급력이 높

---

5   Christian Fuchs, 위의 책, 57.

은 비디오나 사진 위주 콘텐츠를 이용해 상업 광고를 할 수 있었다. 이에 페이스북은 자사의 광고 상품을 팔고자 엣지랭크에서 가장 낮은 가중치를 부여받던 텍스트의 순위를 높여 버렸다. 사실상 플랫폼 기반 기업들은 자신들의 광고 상품 판매의 욕망을 노골적으로 드러내왔다. 페이스북과 비슷하게 구글도 검색 결과에서 광고 페이지를 없애버렸다. 이제 광고를 하려면 구글에 의뢰해야만 한다.[6]

페이스북의 광고 상품은 앞서 모든 소셜 마케터가 그 필요성과 강력함을 강조했듯, 콘텐츠나 로직에 상관없이 도달률을 확보해 주는 상품이다. 사례 C는 당시 페이스북 페이지를 가장 많이 보유하고 있는 소셜 마케팅 기업 임원이었다. 그는 페이스북에서 입소문(바이럴)을 퍼뜨리는 것이 점차 어려워진다고 말한다. 앞서 말했듯, 페이스북이 이용자 데이터를 소셜 마케팅 업체들에게 상품으로 판매하기 위해 광고를 포함한 콘텐츠의 뉴스 피드 노출 알고리즘을 계속해서 바꾸고 있기 때문이다. 페이스북은 '스폰서 링크'라는 유료 광고 툴을 만들어 마케팅 타깃 이용자가 특정 광고를 '또 보고, 또 보고 또 보게' 해준다. 이 유료 광고 툴 덕택에 페이스북은 성별,

---

6   Frank Pasquale, *The Black Box Society: The Secret Algorithms That Control Money and Information* (Cambridge, MA: Harvard University Press, 2015).

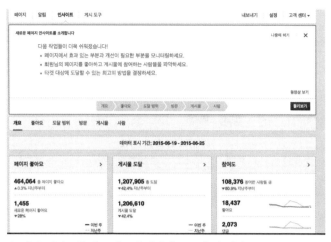

〈그림 1〉 페이스북 광고 상품의 관리자 모드의 첫 화면

국가별, 지역별, 사용 언어별로 어떤 대상에게 어떤 콘텐츠를 더 많이 보여줄 것인가를 결정할 수 있고, 또 누가 무엇을 얼마나 보고 있는지도 확인할 수 있다.

지금은 도달이 제일 중요해요. 도달률 같은 경우는 페이지가 팬 수가 많다고 해서 도달률이 많이 나오는 게 아니거든요. (그럼 도달률 높이기 위한 노력은 어떻게 하고 계세요?) [페이스북] 광고를 많이 태우고, 일단. 왜냐면 로직이 계속 바뀌어요. 페이스북 예전에는 광고 안 해도 됐었거든요. 근데 지금은 할 수밖에 없는 게, 안 하면 도달이 안 돼요. (유료 광고를 해야만 도달이 된단 뜻이죠?) 네. 쉽게, 진

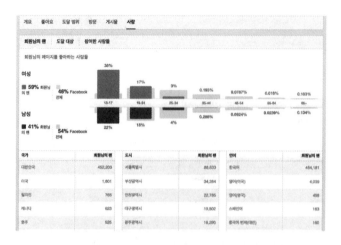

<그림 2> 페이스북 광고 상품이 제공하는 페이지 콘텐츠의 팬 도달률 통계

짜 소비자들이 미친 듯이 '좋아요' 누르는 그런 콘텐츠 아
니면 도달을 얻기가 예전처럼 쉽지가 않아요. (그럼 페북
에 쓰고 계신 비용이 어느 정도인가요?) 사용하는 게… 월
육백. (그럼 그게 얼마나 확보되는지 파악돼요, 도달률이?)
도달률이요? 도달 몇 백만 명 되죠. 진짜 많이 봐요, 스폰
서 링크. 그거는 원하시는 타깃에 홍보가 가능해요. 저희
는 그게 좋은 거죠. 또 보고 또 보고 또 보고. 그렇게 해서
수익을 창출하는 거죠. (페북이 진짜 초기에 비하면 그런
식으로 알고리즘 계속 바꾸면서 광고 시장을 계속 늘려나
가네요.) 네. 처음엔 맛을 보여줘요. 도달, 이렇게 높게 해

주다가, 도달이 높으니까 효과가 좋구나 [하고] 기업이 이

걸 알게 해준 후에 야금야금 줄어들어요. 그러면 난 이제

예전의 그 영광을 위해서 돈을 한번 써보자. 쓰면 또 효과

가 있어요. 중독되는 거 같아요, 진짜.(사례 C)

페이스북이 이용자의 데이터를 수집하는 방식은 다양하지만

비교적 최근에는 이용자의 감정까지 수집하려는 노력을 하고

있다.[7]

하루에 콘텐츠가 몇십억 개씩 올라오니까, 이제 그런 걸

기술적으로 보면 데이터 분석을 하잖아요. 하는데, 단어끼

리 조합을 해요. 그니까 이것도 꽤 오래된 기술인데, 뭐 긍

정 단어, 부정 단어, 이런 것들을 빅데이터로 분석해서 죽

하는 게 있어요. 사전이 생겨요. 그런 구문 분석까지 하고

있어요. (그 구문 분석해서 마케팅 필요로 하는 사람한테

파는 거예요?) 그쵸. 광고 [관리] 페이지에 어떤 게 있냐면

타깃팅을 할 때 나이, 성별 이런 거 다 있어요. 축구, 뭐…

---

7 「페이스북 심리 실험에 관한 7가지 사실」, 『CIO KR』, 2014. 7. 3. (http://
www.ciokorea.com/news/21512#csidx5037136f98469e0bf9199bc9331c9
dc); 「페이스북, 의도적 충돌 발생시켜 사용자 충성도 실험」, 『CIO KR』, 2016.
1. 6. (http://www.ciokorea.com/news/27998#csidx50189c0e19e8245b67
015a46f112bc3)

그리고 우울, 이런 거 있죠. 감정 카테고리가 있어요. (감
정 카테고리가 뭘로 나뉘어져 있어요?) 우울, 슬픔, 기쁨,
좋음, 나쁨 다 있어요. 카테고리 한 스무 개인가 있었던 거
같은데, 보다 깜짝 놀랐어요. '아, 이 카테고리 생겼네? 신
기하네.'(사례 D)

페이스북이 수집하는 이용자 데이터는 매우 세부적이면서도
방대하다. 성별, 연령, 지역, 종교, 가족관계, 학력, 직업 등의
인구통계학적 데이터뿐 아니라 '좋아요'와 댓글 공유 활동 등
으로 나타난 관심사, 온라인 인맥, 접속 시간, 접속 매체, 접속
위치, 방문 수 등의 온라인 행동에 이르기까지 전방위적인 데
이터를 아우른다. 심지어 사례 D가 설명하고 있듯이, 이용자
의 감정까지 수집하고자 한다. 사례 D의 반응처럼, 페이스북
이 이용자가 지닌 감정의 성향을 어떻게 분류할 수 있었는지
는 모르겠지만 '놀랍고 신기한' 기술을 페이스북의 광고 상품
에 적용하고 있는 것이다. 그리고 이렇게 수집된 정보는 광고
타깃을 특정할 수 있게 해주기 때문에 광고주들에게 매력적
인 광고 상품으로 판매된다.
　　개인 정보를 매개로 돈과 친밀성을 생산하는 것이 소셜
미디어의 작동 메커니즘이다. 이 정보에는 필연적으로 이용자
개인의 취향, 기호, 경험이 포함된다. 소셜 미디어는 민주적이
고 자유로운 사회 참여와 소통을 이끌어내고 있다는 점에서

긍정적인 평가를 받는다. 반면 소셜 미디어가 시장에서 주목받는 까닭은 그 자유로운 참여와 소통을 매개로 수집한 감정과 욕망, '사실'을 상품화해 수익을 창출하기 용이한 플랫폼으로 작동하기 때문이다.

페이스북 광고 상품인 '스폰서 링크'는 성별이나 연령, 국적 등 특정 인구 범주에 기반한 데이터를 활용해 의도적으로 구성한 정보를 이용자들에게 보여준다. 필자가 관찰한 바에 따르면, 10대 여성이 정보를 얻고자 구독하는 거의 모든 페이지는 이 스폰서 링크를 활용하고 있다. 10대 여성은 자신들이 필요로 하는 정보가 아니라 이것들이 그들에게 필요하다고 주장하는 누군가의 정보를 열심히 보고 있는 중일지도 모른다.

5장 돈을 버는 사람들

상품 판매 기업

소녀성 산업의 상품 판매 기업의 다수는 주로 패션이나 뷰티 분야의 상품을 생산한다. 상품 판매 기업은 이후 설명할 소셜 마케팅 업체의 고객이자 소셜 미디어 기업이 판매하는 광고 상품의 고객이다. 10대 여성과는 생산자와 소비자의 관계에 있다. 상품 판매 기업은 10대 여성에게 자사 제품을 판매하고자 소셜 미디어의 10대 여성의 일상과 취향, 감각을 모니터링한다.

사례 C는 패션업체 대표이며 소셜 미디어에서 홍보도 스스로 하고 있다. 젊은 층에게 의류를 만들어 파는 자신들에게 페이스북은 자사 상품을 홍보하는 데 가장 좋은 수단이다. 특히 젊은 층 사이에서 파급력 있는 매체로 페이스북만한 게 없다고 설명한다. 그 파급력이라는 것이 장기적이진 않지만 일단 '어린 친구들이 워낙 많고', 그 어떤 매체보다 더 많은 사람에게 보여줄 수 있기 때문이다. 사례 C처럼 규모가 크지 않은 기업은 대기업처럼 대중매체 광고에 많은 돈을 쓰거나 마케팅팀을 따로 두어 운영하는 것은 거의 불가능에 가깝다. 구체적으로 포털 사이트의 메인 광고는 겨우 몇 시간을 쓰는 데 몇천만 원의 비용이 들지만 페이스북은 그에 비하면 거의 무료나 다름없다.

이용자 사이에 촘촘히 연결된 연결망으로 파급력을 제대로 활용하려면 '콘텐츠'가 가장 중요하다. 그래서 이 기업들은 소셜 마케팅 업체를 고용하거나 직접 '페북 스타'나 '얼짱', 혹은 팔로워를 많이 보유하고 있는 페이스북 페이지, 파워 블로거에게 협찬이나 일정한 비용을 주고 '후기'를 의뢰한다.

패션 쪽을 하다 보니까 어쩔 수 없이 패션 관련 페이지를 여러 개 하고 있는데, 지금 한 세 개 정도 하고 있고, 페이지 자체가 서로 제휴가 돼있어요, 서로 다. 미팅 해보셔서 아실 수도 있는데, 서로 다 도와주면서 하고 있어서. 여기 보면 (페이지 관리 화면 스마트폰으로 보여주며) 10대, 20대라고 하면, 콘텐츠를 줄 때 감성만 조금 맞다면 여러 군데서 여러 번 보이면 매출 효과가 있는… (확실히 있어요?) 네네… 그래서 지금 여러 가지 광고 툴이 있잖아요, 인터넷상에. 뭐 네이버도 트래픽이 많고 페이스북도 있고 모바일로 보면 인스타그램이나 카카오스토리 다 있는데, 나의 콘텐츠가 이슈가 되기 위해서는 페이스북만 한 게 없어요. 그리고… 페이스북 같은 경우는 어린 친구들 워낙 많고.(사례 C)

저희가 서비스하는 페이지 하나고요, 제가 관리하고 있는 페이지가 이 정도가 있어요. (화면을 보여줌) 엄청 많죠. 저희도 사실 기업으로 움직이고 있어요. 일반 매체처럼 쓰는 거죠. 뭐 감동적인 글이라든가 이런 거 계속 배포를 하면서 그중에서 저희 광고로 쓰는 거죠. 이 페이지는 다 개인이고, 그 개인이 소소한 광고비 같은 거 받아서 운영하고. (아, 그러니까 이 개인 소유 페이지를 마케팅 매체로 활용을 하시는 거고?) 그쵸. 서로 윈윈하는 거죠.(사례 D)

사례 D는 스마트폰 애플리케이션 개발업체 대표다. 그의 스타트업은 애플리케이션 개발 사업이 주력이기 때문에 홍보에 투자할 인적, 시간적 여유가 별로 없는 편이다. 그래서 사례 D는 팬 수가 많고 활성화가 잘 되는, 즉 인기 있는 페이지들에 얼마간의 비용을 지불하고 자신들의 상품을 노출시키는 방식을 선택했다. 이 페이지들의 운영자들은 대체로 10대이거나 20대 초반의 개인 이용자다. 소셜 마케팅 업체에 지불해야 하는 비용에 비하면 개인 이용자가 운영하는 페이지를 활용하는 것이 훨씬 저렴하다. 그래서 중소업체들은 마케팅 업체를 거치기보다는 개인 이용자에게 직접 연락하는 편이다.

> 저도 올 SNS, SNS가 요즘엔 진짜 최고인 거 같아요. 그거
> 만큼 홍보가 좋은 게 없는 거 같아요. 근데 요즘은 인스타
> 그램이나 페북보다는 스타일쉐어라고 패션에 대한 어플이
> 있으니까. 서로 옷 공유를 하잖아요. 딱 거기가 괜찮은 거
> 같아요. 거기는 좋은 정보를 공유하자는 식이고 하는 어플
> 이기 때문에 광고를 하기보다는 진짜 제가 판매를 하지만
> 이거 진짜 괜찮다 싶은 건 다 올리거든요. 고객님들이 만
> 족하는 후기를 거기다 올리는 경우가 있어요. 그러면 댓글
> 이나 '좋아요'가 엄청 달려요. 사람들이 그런 거 보면서 어
> 디 거냐고 물어보시면, '이거, 어디 거다' 이렇게 얘기하면
> 거기는 이제 계속 주문이 올라가고, 그게 되게 좋더라고
> 요.(경현)

> 페북에서 광고를 처음 본 거는 OO운동화. 엄청 떴었거든
> 요, 갑자기. [피드를] 내릴 때마다 그 홍보가 있는 거예요.
> 그때 그걸 보고, '아, 이거 왜 이렇게 올라오지? 별 예쁘지
> 도 않은데.' 계속 올라오는 거예요. 그니까 그쪽도 페이스
> 북 마케팅을 노린 거 같아요.(은진)

경현과 은진은 둘 다 페북 스타다. 경현은 직접 쇼핑몰 운영

도 한다. 이들은 뮤즈 모델[1](협찬 모델) 경험과 직접 운영하는 쇼핑몰 의류 홍보를 경험하면서 페이스북이 소비시장에서 얼마나 중요한 역할을 하는지 알게 됐다. 은진은 자신은 별 관심도 없는 OO운동화 브랜드가 자꾸 자신의 피드에 노출되는 것을 본 뒤로 소셜 미디어 광고가 본격화하고 있다고 생각했다. 그 이후에 또 자주 보이는 뷰티 브랜드 등도 소셜 마케팅의 저비용 고효율 전략을 따르고 있다고 분석하는 등 소셜 마케팅 시장을 나름대로 분석하고 있었다.

운동화 신생 브랜드인 'OO'는 10대 여성층을 대상으로 하는 소셜 마케팅 업체 사이에서 소셜 마케팅의 성공 사례로 꼽히고 있다. 그런데 이 브랜드의 유명세는 제품의 질이나 디자인이 훌륭해서라기보다는 '브랜드 이미지' 그 자체에 기인한 것이라고 평가받고 있다. 업계에서는 이 운동화가 '입소문'을 이용해서 '대박 친' 업체로 통한다.

---

1 디자이너에게 영감을 주는 모델이라는 의미의 뮤즈 모델의 정의는 소셜 미디어에서 '협찬 모델'로 새롭게 정의되었다. 소셜 미디어에서 유행한 뮤즈 모델이라는 표현은 2010년경 만들어진 단어로, 10대 여성의 소셜 미디어 네트워킹에 최적화된 광고 전략이다. 경현과 은진은 둘 다 '뮤즈 모델' 경험이 있다. 경현은 고등학교 2학년 내내 의류 쇼핑몰의 뮤즈 모델로 활동했고, 은진은 다양한 제품의 단발적인 뮤즈 모델이다. 뮤즈 모델 제의는 대면 관계가 아닌 백 퍼센트 온라인 메신저로 이루어진다. 이는 10대 여성의 페이스북이나 인스타그램, 블로그와 같은 소셜 미디어 활동에 대한 모니터링이 전방위적으로 이루어지고 있음을 보여준다.

OO가 페이스북 광고의 대표적인 케이스예요. OO가 이제
저희끼리도 되게 유명한데, 이 친구가 23살밖에 안 돼요.
근데 차가 인제 국내 두 대밖에 없는 차를 가지고 있고. 기
본적으로 기존 시장 파악을 되게 잘해요. OO를 페이스북
에서 유명한, 그러니까 리딩(leading)하는, 얼굴이 예쁘고
사진 잘 나오는 친구들을 다 섭외해 가지고 커플 필수 신
발로 다 넣어버린 거예요. 광고하는 사람들이 프레타뽀르
테처럼 만들어요. OO 같은 경우엔 처음엔 '뭐야, 처음 듣
는 브랜든데?' 근데 OO는 선동을 잘했죠. 문화를 만들어
버렸죠. 그게 이제 광고 하시는 분들이 노리는 거죠. 이런
SNS 하면서 돈 버는 친구들이 꽤 있죠. OO가 대표적인
케이스고, 지금.(사례 D)

저희 같은 경우는 협찬도 되게 많이 해요. (연예인 협찬이
요?) 아뇨, 아뇨. 아, 연예인 협찬은 하긴 하는데 그거는 주
력은 아니고요, SNS로만 따졌을 때 패션 쪽에서 얼짱이나
패션 쪽으로 유명한 친구들, 쇼핑몰을 운영하는 젊은 CEO
들, 뭐 이런 친구들한테 협찬을 하게 되면 맨날 보던 브랜
드인데 광고를 통해서 페북 안에서, 그런 브랜드인데 유명
한 애가 입으니까, '어, 얘도 입네?' 이렇게 되죠. 대표적인
성공 사례 보시면 OO 보시면 돼요. 거기도 작년에 오픈을
했는데 SNS에 돈을 엄청 많이 썼어요. 기하급수적으로 많

이 썼어요. (돈을 많이 썼다는 것은?) 협찬할 때 엄청 많이 한 거죠, 엄청 많이 하고 페이스북 자체적으로 스폰서 링크라고 있어요. 그거 엄청 많이 해요. 그 친구들도 얼짱을 협찬하게 되고, 협찬한 사진을 인제 스폰서를 하게 된 거죠. 그러면 내가 맨날 SNS에서 보던 일반인, 유명한 연예인은 아니지만 이 사람들이 입고 나오니까, 안 좋게 알아도 그 이미지가 지금 플러스되고 있거든요.(사례 C)

10대 여성 사이에서 갑작스럽게 큰 인기를 끌었던 이 운동화는 실제로 내구성도 형편없고 디자인 카피 이슈가 뒤따라 다녔다. 결정적으로 '별 예쁘지도 않다'는 평가를 받았다. 그럼에도 페이스북의 '얼짱'과 '페북 스타'가 이 운동화를 신은 사진이 끊임없이 타임라인을 채웠다. 사례 D가 설명해 주듯이, 이 업체는 소셜 미디어에서 많은 팬을 보유하고 있는 유명인을 섭외해서 이들에게 이 운동화를 협찬했다. 그리고 보다 많은 사람에게 '필수 신발'이라는 정보로 노출시킨 것이 주효했다. 그 결과 타임라인을 공유하는 친구들 사이에서 이 운동화의 인지도는 점차 높아졌다. 운동화를 구매한 경우에는 친구들의 반응을 기대하며 구매 인증샷을 올리는 경우가 많아지면서 자연스레 공짜 광고가 여기저기에서 이루어졌던 것이다. 얼마 뒤 이 운동화는 모든 10대 여성이 신고 싶어 하는 운동화가 되었다.

이러한 성공은 조디 딘이 말하는 소통 자본주의[2]에 기반해 있다. 소통 자본주의는 게시물 업로드와 댓글, '좋아요' 버튼으로 이루어지는 '소통'을 물신화한다. 페북 스타를 팔로우하고, 이들을 매개로 이야기하고 또 소비하는 등의 일련의 실천을 하면서 10대 여성은 자신이 이 소통의 장에 참여하고 있다고 생각한다. 이 운동화 브랜드가 그렇게 빠르게 인지도를 얻을 수 있었던 것은 유명인들이 만들어내는 소통 네트워크에 자신도 참여하고 싶은 마음, 이로부터 생겨나는 반응, 즉 '소통'의 욕망이 만들어낸 결과다.

소녀성 산업에서 상품 판매 기업은 소셜 미디어 플랫폼 및 10대 여성 이용자와 긴밀하게 네트워크화되어 있다. 소녀성 산업에서 상품 판매 기업은 단순히 제조업을 하는 곳이 아니다. 또래 네트워크를 움직여야만 성공하는 소셜 마케팅 기업이 되기 때문이다.[3]

---

2   Jodi Dean, "Communicative Capitalism: Circulation and The Foreclosure of Politics."

3   'OO'처럼, 10대 여성 사이에서 가장 인지도가 높고 실제로 매출 규모도 상당한 10대 의류 쇼핑몰은 의류 제작 및 유통을 하는, 엄밀히 말해서 상품 판매 기업이지만, 자체적으로 소셜 마케팅을 체계적으로 해나가고 있을 뿐만 아니라, '뮤즈 모델'과 '페북 스타'를 직접 고용해 마케팅에 활용한다는 점에서 소셜 미디어를 기반으로 하는 상품 판매 기업의 특성, 즉 소셜 마케팅 기업적 특성을 보여준다.

소셜 마케팅 기업

소셜 마케팅 기업은 각종 기업의 소셜 미디어 홍보를 대행해 준다. 업계에서는 소셜 미디어 매체의 특수성을 확실히 살린, '무조건 퍼뜨리기'를 가장 중요한 요소로 여긴다. 이를 위해 소셜 미디어 플랫폼이 정보를 뿌려주는 알고리즘과 그 변경 사항을 수시로 확인한다. 이에 따라 어떤 인물 혹은 이슈를 마케팅에 활용할지, 이미지, 텍스트, 동영상 중 어떤 것을 주로 활용할지 등을 결정한다. 페이스북 마케팅의 경우, 기본적으로는 이용자의 타임라인에 특정 게시물을 강제적으로 보여주는 페이스북 광고 상품을 이용한다.

> 비즈니스적으로 보는 거죠, 10대 타깃팅한다는 자체가. 바이럴이 10대에서 일어나요. (경험적으로 아시는 거예요? 아님 관련 자료가 있어요?) 있어요. 있는데, 되게 신기한 데이터에요. 옛날 마케팅 같은 경우는 10대만 타깃팅하거나 20대만 타깃팅하잖아요. 소셜에서는 그렇게 하면 안 돼요. 어느 정도는 타깃팅을 해야 되겠죠. 근데 어느 정도 바이럴이 일어나면 섞여요, 그게. 근데 여기서 바이럴이 터지면 천문학적으로 바이러스처럼 퍼지잖아요. 마케팅을 하면 바이럴이 10대에서 일어나요. 그거는 데이터도 있고 충분히 추측해서도… 추측도 어느 정도 데이터를 보니까.(사례 G)

소셜 마케팅 업계에서 10대 여성은 주 타깃이자 동시에 효과적인 광고 콘텐츠 생산자다. 사례 G는 소셜 마케팅 기업을 운영하면서 10대용 화장품 생산 기업을 만드는 중이었다. 소셜 마케팅 업무에서는 주로 젊은 층 여성을 공략한다고 말한다. 그 이유는 이들이 '바이럴'이 잘 일어나는, 즉 '소식을 많이 전하는 매체'이기 때문이다. 단순히 여성들이 소비를 많이 하기 때문이 아니라 콘텐츠를 가장 '잘 퍼 나르는' 사람들이기 때문이다. 즉 이들은 단지 마케팅의 대상일 뿐 아니라 마케팅의 조력자다. 사례 G는 페이스북 초기부터 쌓아온 경험상 입소문, 즉 '바이럴'은 10대 사이에서 시작되어 점차 연령을 넘어서까지 퍼지게 된다고 말한다. 그러니 10대 여성의 또래 네트워크를 작동시키면, 그 마케팅 효과는 10대를 넘어 20대, 30대, 그 부모인 40대까지 간다.

10대 여성이 소셜 마케팅 시장에서 주요한 대상으로 급부상하면서 10대 여성이 '좋아요'를 누르고 친구를 소환해 공유할 만한 콘텐츠를 만드는 것이 중요해지고 있다. 그중 대표적이고 간단한 방법은 타깃층인 10대 여성을 콘텐츠 생산자로 영입하고 이들이 몰려있는 곳을 계속해서 찾아다니는 것이다.

[페이스북 페이지 운영하는] 10대 애들이랑 보면 대표가
연락해 가지고, 쇼부 쳐가지고, 우리 그냥 한 달 거래하자.

한 달 거래하자. 세 번 올려줘. 건수 얼마 줄게. (아까 말씀하신 건수당 5만 원이다, 이런 식으로?) 그렇게 진행을 하는 거죠.(사례 D)

[페이지 운영자는] 10대도 있고 20대도 있어요. 아, 근데 저, 어떻게 말씀드리지…. 제가 하는 일이 특이해요. 보통 페이스북 하시는 분들은 페북만 하실 거예요. 거기서 광고비 조금 조금씩 받아가지고 하고. 너무 그렇게 생각하면 너무 적잖아요. 적고, 뭐 하는 건가 싶기도 하고. 그래서 저희 쪽 같은 경우는 화장품 회사들이랑 연결이 많이 되어 있어요. 언론사도 있고. (어떤 식으로 연결되어 있는 거예요? 화장품을 페이지에서 홍보해 주시는 건가요?) 네네. 맞아요. 자세히는 말씀드리기 힘들어요. 언론도 비슷하게. 3백만 원 내주면 어느 정도 이슈 메이킹이 가능하더라고요. 인스타그램도 하고요. 카페도. 혹시 쭉빵, 뉴빵 아세요? (네.) 쭉빵, 뉴빵도 있고, 그런 거 눈여겨보시면 될 것 같아요. 여성시대가 젤 크고, 쭉빵이 20대가 많고, 뉴빵이 완전 10대일 거예요. 그런 거를 요즘 시대 추세에 맞춰서 이런 식으로 바이럴 마케팅 식으로 하는 거죠.(사례 G)

페이지 운영자를, 알바 콘텐츠 알바 모집을 한다고 해서 제가 지원을 했어요. 뷰티에 관한 거, 다이어트에 관한 거

하실 분 모집한다고 해서. 보냈더니만 연락이 온 거예요, 해보라고. 그리고 젊은 층이기 때문에 그 사람들을 공략할 수가 있다, 정보에 대해서. 그 사람들에 대해서 잘 알고 있기 때문에, 저도 페이스북 잘하니까 공략할 수 있다고 해서 뽑혀서. 재작년부터 해서 지금까지 [페이지 운영] 다섯 개 하고 있어요. 처음에는 시간당 최저시급. (근데 그걸 시간을 어떻게 카운트해요? 출근하는 것도 아닌데.) 그니까 자기가 스스로 양심적으로 적어 넣어라 해서. 올해는 월급제로 해서 [콘텐츠] 한 달에 다섯 개, 일주일에 한 개. 친구도 하는데 친구는 20만 원. 저는 일주일에 (페이지) 열 개 해요. 그래서 40만 원.(사례 E)

사례 D와 G는 직접 10대를 고용하거나 10대들이 운영하는 페이지를 활용하는 방식으로 광고를 한다. 언론에 기사 작성을 의뢰해 '이슈 메이킹'을 하거나 페이스북은 물론 인스타그램, 포털의 여초 카페 등 10대 여성이 많이 모이는 곳을 지속적으로 모니터링하고 입소문을 퍼뜨리는 식이다.

사례 E는 콘텐츠 생산과 입소문을 위해 사례 D나 G와 같은 인물한테 고용된 아르바이트생이다. 그녀는 대학원에 재학 중인 20대 초반의 여성으로, 자신이 뽑힌 이유가 지원할 때 '스스로가 젊은 층이기 때문에 10, 20대를 잘 알고, 페이스북을 잘 한다'는 것을 강조했기 때문이라고 생각한다. 사례

E가 운영하는 페이지는 열 개이고, 일주일마다 페이지 하나에 한 개의 콘텐츠를 만들어 올리는데, 이렇게 해서 한 달에 40만 원을 받는다. 한 달에 총 50개의 콘텐츠를 만들어 올리고 40만 원을 받는 것이니 콘텐츠 하나당 만 원이 채 안 된다. 페이지로 따져보면, 하나를 운영하는 대가로 4만 원을 받는 셈이다.[4]

소셜 마케팅 기업을 운영하는 20-30대 남성들과 이들에게 고용되어 아르바이트를 하는 10-20대 여성들을 비슷한 시기에 만나면서 복잡한 마음이 들었다. 스타트업 대표들은 필자와 이야기하는 내내 소셜 미디어가 상품을 팔고 광고하는 데 얼마나 획기적인 도구인지를 설명했다. 반면 소셜 미디어를 철저히 비즈니스적으로 접근하는 이들과 달리 보통의 이용자가 참여하는 동기는 즐거움과 소통이지 돈을 벌기 위한 것이 아니다. 다만 이 과정에서 다른 이용자들의 관심이 집중되고 소셜 마케터들이 좋아하는 '바이럴'이 발생한다. 이런 이용자의 입장에서 누군가 콘텐츠 하나당 8천 원 정도의 대가를 준다면 오히려 행운이라고 여겨야 하는 걸까?

10대 여성에게 소셜 미디어 하기가 쉽고 재미있는 놀이

---

4   옐로스토리(소셜 마케팅 업계 1위 업체) 콘텐츠팀은 아르바이트생, 직원, 대행업체가 한 팀을 이룬다. 아르바이트비는 1건에 3만 원 정도로 책정되어 있다. 소셜 마케팅 시장 전반에 형성되어 있는 아르바이트 비용이 3-5만 원이다.

이긴 해도 그 행위 자체는 소셜 미디어의 작동 메커니즘을 정확히 꿰뚫어 이루어진다. 그 메커니즘이라는 것은 사람들의 관심을 끌어 모으는 방법이다. 이를 놀이로, 그러니까 좋아해서 반복적으로 하다 보면 데이터와 통찰력이 생긴다. 소셜 미디어로 돈을 벌고자 하는 사람들은 10대가 가진 이 능력이 자신들에게 돈을 벌어다 줄 것을 알았던 것이다.

소셜 마케팅 회사가 한 달에 하나의 페이스북 페이지를 굴리는 데 지불하는 돈, 예를 들어 사례 E가 한 달 동안 콘텐츠를 업로드하고 받는 돈은 4만 원이다. 아르바이트생이 소위 페이지를 키우는 역할을 하는 것이다. 계속해서 콘텐츠가 업로드되어야 구독이 늘고 지속된다. 그래야 광고 의뢰도 들어온다.

연구 참여자들에 따르면 인기가 보통 수준인 개인이 운영하는 페이지에 광고 글을 하나 게시하는 데 5만 원 정도 든다. 사례 E도 설명하고 있지만, 팔로워가 만 명 정도만 되더라도 다양한 광고 제의가 들어온다. 한 달에 적게 잡아 열 군데의 중소 업체에서 광고 제의를 받아도 한 달에 콘텐츠 업로드 아르바이트 업무로 4만 원을 투자하고 50만 원의 광고 수익을 얻게 되는 것이다.

(회사에서는) 디자인을 이런 식으로 해야 예쁘니까 사람들이 '좋아요' 많이 누르고 한다 해서 참고 식으로 보여줘

요. 그러면 제가 리서치해서 찾고. 그거를 저만의 디자인, 이렇게 해서 올리고. 페이지 제목은 회사에서… 관리도 거기서 하고 있고. 연락은 많이 와요. 광고 좀 해달라 [하며] 많이 와요. (광고 해달라 그러면 그건 E 씨가 올리는 건 아녜요?) 그 거기 그 사람, 회사에서 올리는 거죠, 담당자가. (아, 광고는 회사에서 올리고 본인은 내용만 생산을?) 네. 그래서 페이지를 활성화시키는 거죠. (아, 그렇지. 사람들이 계속 와서 볼 수 있게.) 네, 그렇죠. 그걸 하려고 알바생들을 쓰는 거죠. 카톡으로 공지를 하는데 "페이지 반응 체크, 팬 수 떨어지면 포토샵 툴 바꿔보시고 정보성이 강하게 만들어보시고 공감 유머 쪽으로도 만들어보셔야 합니다" 이런 공지도 하고, 그러면 또 걱정되는 거예요.(사례 E)

페이지 운영에는 나름대로의 전략이 있다. 아르바이트생 사례 E가 마케팅 업체에서 받은 업무 지시 내용을 보면, '페이지 반응, 팬 수'를 늘리는 것이 이 일의 목적이다. 이를 달성하려면 콘텐츠의 내용이 중요한데, 주로 '정보성이 강한 것'이나 '공감 유머 쪽'에 초점을 두고 만들어야 한다. 페이지 운영자들은 나름의 경험과 게시물별 유입률, 방문 수가 확인되는 페이지 통계 수치를 분석해 '공유가 일어나는' 콘텐츠를 중심으로 페이지를 운영해 나간다.

좀 자극성 있고 그런 게 오히려 더 많이 퍼져나가고, 가십거리? 아니면 뭐, 예쁜 아이템 같은 거? 뷰티 페이지 같은 경우는 공유가 많아요. 말 그대로 뷰티, 운동이랑 화장품이니까 공유가 많이…. 아이템 액세서리 같은 건 '라이크'가 많아요. 그런 페이스북 특성이 있고. 카카오스토리 특성이 또 따로 있어요. 카카오스토리는 무조건 '공유'가 많이 일어나야 돼요. '공유'가 일어나야 타임라인에 뜨는데, 다른 거 느낌이나 댓글 달면 별로 효과가 없어요.(사례 G)

다이어트 어떻게 하는지, 다이어트 같은 경우는 넓게 포스팅하는 것보다, 구체적으로 예를 들면 허벅지만 하는 걸 좋아해요. 사람들이 구체적인 거, 확실한 거, 실제적인 거, 그런 걸 필요로 하는 거 같아요. (정보 다 어디서 찾아요?) 블로그에 다 있고, 페이스북 다른 페이지도 참고해서 제가 만들죠. 이미지는 구글에서 했다가 이제는 출처를 그냥 써서…. 블로그에 다. 찾고 짜깁기해서 만든 거예요.(사례 E)

소녀성 산업의 소셜 마케터가 원하는 '무조건 공유가 일어나는 방향'은 '가십거리', '연애, 뷰티, 운동, 화장품, 패션' 등에 관한 정보를 담은 콘텐츠를 의미한다. 콘텐츠는 사실 여부나 전문성과는 무관하게 이미 인터넷에 떠돌고 있는 정보 중 자극적이거나 정보성이 강한 것처럼 보이는 내용을 찾아내서

짜깁기하거나 디자인을 바꾸는 식으로 만들어진다. 소셜 마케터들의 목표는 보다 많은 사람이 이 콘텐츠에 흥미를 느껴 자신의 페이지를 구독하게 하고 궁극적으로는 그 페이지를 광고 매체로 활용하는 것이다. 그러니 새롭고 유용한 정보를 만들어내는 것에 시간을 쓰거나 콘텐츠의 전문성을 추구하는 것보다는 이미 인기가 검증된 많은 정보를 공수하는 것이 더 효율적인 방식이다.

콘텐츠가 따라잡기 힘든 속도로 빠르게 생산되고 있는 소셜 미디어의 환경은 마케팅이라는 상업적 목적에 따라 조성된 것이라 할 수 있다. 십 년 전 이런 방식으로 만들어진 콘텐츠 환경은 어쩌면 오늘날 사람들의 관심으로 큰돈을 벌어들이는 인플루언서나 가짜뉴스와 사이버 렉카 같은 선정적이고 자극적인 콘텐츠가 온라인에 넘쳐나게 될 것에 관한 복선이었는지 모른다.

(페북이 마케팅 도구로 훌륭한 이유가 뭐라고 생각하세요?) 아, 일단 사람이 많죠. 사람이 많고, 사실 글쎄요, 이게 그거밖에 없는 거 같아요. 플랫폼 비즈니스는 그거밖에 없는 거 같아요. 그리고 이제 그런 거죠. 기본 로직 아시겠지만, 페북 로직이 요즘에는 그거거든요. 친구가 좋아하면 친구도 좋아할 거다. 제가 좋아하면 제가 좋아하는 친구한테 또 퍼지는 거죠. 로직 자체가 훌륭하죠. (유기체처럼?)

유기체처럼. 그래서 결국 콘텐츠 싸움인 거죠. 두 가지인
거 같아요. 좋은 콘텐츠, 그리고 좋은 매체.(사례 D)

팔로워 많은 페이지 같은 경우는 팔로워 수가 1,200만 명
이고. 저희가 1,600만 명. 오늘도 이제 좀 매입을 했는데.
… 우리나라에서 백만 이상 페이지는 사실상 별로 없어요.
이런 거는 순전히 기획에 의해서. 근데 저도 이거를 기업적
으로 하려고 하지는 않았었어요. 옛날에 그냥 순전히 재미
로 했었는데 지금은 이게 돈이다 보니까. 어, 기획에 의해
서 어떠한 회사의 이윤을 위해서…. 어쩔 수가 없네요.(사
례 B)

소셜 마케팅 업체의 직원인 사례 B는 자신들의 콘텐츠를 되
도록이면 더 많은 사람이 보도록 하기 위해 페이지를 확장해
나가고 있다. 이는 '순전히 기획에 의해' 가능하다. 이미 어느
정도 팔로워를 확보한 페이지를 매입해서 점차 자신들의 독
점적 광고 매체를 늘려가는 것이 가장 기본적인 전략이다. 즐
거움, 취미로 만들고 운영되던 페이지는 소셜 마케팅 기업의
매입 전략에서 이윤을 위한 매매 대상이 된다.

　일단 페이지의 수를 늘리는 것은 이같이 돈으로 해결하
는 것이 가능하지만, 팬 수가 백만 명 이상인 대형 페이지를
만드는 것은 '기획'이 필요하다. 그 기획이라 함은 페이스북에

서 파급이 잘될 수 있게 공유 알고리즘에 최적화된 방식으로 콘텐츠를 업로드하는 것이다. 앞서 말했듯이 페이스북의 피드 노출은 게시판 형식과 같이 단순히 시간순으로 되는 것이 아니다.[5] 페이지를 광고 매체로 활용하기로 하는 순간 페이스북의 공유 알고리즘은 반드시 따라야 하는 일종의 중요한 규칙이 된다. 다시 말해 알고리즘이 이 페이지들 콘텐츠의 형식과 내용을 만든다.

바이럴 바이러스를 일으키려면 오가닉 팬, 팬한테 처음이 노출이 돼요. 처음에 페이스북이 49% 정도였어요. 근데 점점 줄었어요, 나중에. 이제 모르겠어요. 무슨 이유에서인지 모르겠는데. 상업적인 이유도 분명 있을 테고. 그니까 초반에 노출이 가지고 있는 팬의 5%도 안 일어나는 거예요. 그러면 그 인원에 대해서 포스팅이 몇 명이 도달률이 가능할지 계산이 가능하거든요 그게 보통 10-15분 내에 다 판가름 나요. 그래서 지웠다 올렸다, 지웠다 올렸다 많이 하고, 이게 단순히 애들 노는 거 같아도 저는 이게 굉장히 테크

---

5   대표적으로 페이스북은 '스토리 범핑(story bumping)'이라는 인공지능 기능으로 이용자에게 최적화된 정보를 뽑아내 타임라인에 가져다준다. 이 기능은 가장 최신 글을 먼저 보여주는 인터넷 게시판과 달리, 3일 이내 작성된 게시물들 가운데 이용자 정보를 토대로 관련 정보로 판단되는 게시물을 가져다가 맨 위로 올려주는 기능이다. 소셜 미디어 업체들은 이 기능을 활용하려고 게시물을 업로드하는 시간과 개수, 게시물 형태와 내용까지 다 고려해 콘텐츠를 만든다.

니컬한 것 같다는 생각을 해요. (개수와 시기는?) 알고리즘
마다 달라요. 테크니컬한 이슈여가지고. 예전에는 하루 20
개씩 올렸어요. 애들 죽을 뻔 했어요.(사례 G)

소셜 마케팅 업체 대표인 사례 G는 페이스북이 변경하는 로
직을 파악하려고 '단순히 애들 노는 거 같아' 보이는 지웠다
올렸다 하는 단순 작업을 반복한다. 하지만 이는 나름의 분
석으로 터득한 '테크니컬한' 작업이다. 그에 따르면 10분 안에
보다 많은 팬에게 자신들의 콘텐츠가 도달해야만 승산이 있
다. 이전에는 하루에 스무 개 정도, 알고리즘이 변경된 뒤에
는 하루 세 개 정도의 콘텐츠를 업로드해야만 이용자들의 시
선을 붙잡아 놓을 수 있다. 이런 내용을 파악하는 것이 사례
G의 몫이었다면, 광고 효과를 극대화하려고 하루 스무 개의
콘텐츠를 업로드하는, '죽을 뻔할' 정도로 과중한 일은 이 회
사에 느슨하게 소속된 10대들의 몫이다.

강제로 보내는 거죠, 만 군데. (공유 프로그램으로 돌리기
때문에?) 이건 10만 페이지 이상에만 돌리는 거예요. 그러
면 1초에 10군데 넘는 곳에 10개의 광고가 게시되는 거죠.
지금 여기 컴퓨터 10대에서 공유 프로그램 돌아갑니다. 다
지금 광고가 올라가고 있어요. 도배를 하는 거죠. 방금도
페이지 하나 만들었어요. 매크로로 돌려서. 7분 간격이면 눈

뜨고 일어나면 만 개예요. 한 번만 돌리는 게 아니라 하루

10만도 가능해요.(사례 B)

페이지 마케팅 대행을 주력으로 하고 있는 사례 B의 경우에
는 사례 G가 '도달률'이라고 말하는 파급력을 높이려고 '매
크로'라는 자동화 프로그램을 개발해 활용한다. 필자는 소셜
마케팅이 어떤 방식으로 이루어지는지 관찰하려고 사례 B의
사무실에 방문한 적이 있다. 그의 회사는 각종 기업에서 광고
의뢰를 받으면 자사 직원이나 아르바이트생을 고용해 자사
혹은 개인이 운영하는 소셜 미디어로 마케팅을 한다. 사례 B
는 이 회사에서 소유하고 관리하는 페이스북 페이지 마케팅
의 최고 관리자다.

　　그는 두 대의 커다란 모니터에 몇 개나 되는 페이지 관리
창을 여러 개 띄워놓고 작업하고 있었다. 같은 공간에서 다른
컴퓨터 약 10대가 매크로를 이용해 계속해서 페이지에 광고
를 올리고 있었다. 사례 B는 수시로 페이지 관리 창에 들어
가 '도달률'을 체크했는데, 그때마다 "이게 제가 지금 마케팅
하는 겁니다"라고 이야기했다.

　　그러니까 구독자 수를 많이 보유한 수천 개의 페이지에
방대한 분량의 콘텐츠를 동시적으로 업로드해 순간적으로 많
은 사람에게 같은 내용의 콘텐츠를 노출시키는 방식이다. 이
는 이용자 사이에 공통적인 화제를 쉽게 만들어낼 수 있으며,

그만큼 특정 이슈에 관한 인지도를 높이는 효과를 낳는다. 이러한 전략을 사례 B는 "강제로 보내는 것"이라고 표현했다.

소속사(마케팅 브로커)

'페북 스타'와 같이 소셜 미디어의 파급력 있는 인물들이 등장하면서, 소녀성 산업에서는 이들을 독점적인 광고 매체로 활용하고자 하는 노력이 이루어졌다. 이른바 '소속사'로, 또래 네트워크의 '네임드' 이용자들과 독점 계약을 체결해 이들을 마케팅 시장에 배타적으로 제공하는 것을 수익 구조로 활용한다. '소속사'는 페북 스타와 마케팅 회사, 혹은 '페북 스타'와 상품 판매 기업 사이에서 일종의 브로커 역할을 한다. 10대 페북 스타들을 독점적으로 소셜 마케팅에 동원하려는 시도는 이들의 팬 다수를 차지하는 10대 여성과 그 또래 네트워크의 파급력을 염두에 둔 것이다.

이 같은 흐름은 소녀성 산업에서 '페북 스타'와 같은 인물의 영향력이 절대적이며, 또한 이들의 유명세에 기반한 입소문이 실제로 가치를 생산하고 있음을 보여준다. 특히 소녀성 산업의 실제적인 생산자인 10대 여성들이 노동권 없는, 그리고 자신들의 놀이를 아직 전문성으로 인식하지 못한, 또한 체계적인 경제적 가치 창출에 관심이 없는 미성년자라는 점은 이들이 동원하기에 용이하며 값싼 노동력이라고 생각하는 세력들을 불러 모은다.

예컨대 사례 B가 일하고 있는 소셜 마케팅 회사는 자본을 동원해 개인이 운영하던 페이지를 닥치는 대로 매입해 한국에서 가장 큰 페이스북 마케팅 시장을 독식하고 있다. 또 사례 G의 경우는 마케팅 회사를 운영하고 있지만 페북 스타들에게 일회성으로 광고를 외주하는 방식이 아니라 10대 여성을 고용하는 방식을 통해 비교적 일찍 10대 여성을 체계적으로 동원했다. 연구 참여자인 다정, 나현, 경현, 은진 모두 이런 독점적 계약 관계를 통해 '페북 스타'로, '뮤즈 모델'로 활동하고 있다.

계약금을 주는 데가 있잖아요. 솔직히 솔깃하죠, 계약금을 주는데. 그래가지고… (계약금은 얼마예요?) 보통 30만 원에서 40만 원? 육 개월 정도? 그 회사에 들어가 있다는 계약이고요. 회사가 이래요. 다른 쪽에 광고를 받지 못 하게 하는 데가 있고, 받아도 되는데 말은 하고 받아라. … 새로운 게 들어왔잖아요. 화장품 마케팅이라는 게, 그냥 지내다 보면, 팔로우를 이렇게 높이고 하다 보면 회사에서 연락이와요. 근데 요즘엔 대행사가 생겼잖아요. 광고 대행사. 옛날에는 화장품 회사에서 직접 연락이 왔어요. 그 마케팅 쪽으로, 이렇게 부서가 있잖아요. '누구누구입니다. 이렇게 해

주실 수 있으신가요?'라고 메시지가 와요.(다정)

소녀성 산업에서 돈을 벌고자 하는 기업들은 자신들의 고객이 소비자인 동시에 문화 수용자인 소셜 미디어 이용자라는 특성을 중요하게 고려한다. 그래서 이들은 연예인처럼 알려진 사람을 광고에 활용하는 것이 아니라 고객들이 동일시할 수 있는 보통의 일상을 사는 인물을 찾아내 활용한다.[6] 이에 따라 소셜 마케팅이라는 개념이 아직 희미하던 때부터 '페북 스타'의 위상은 빠르게 높아졌다. 소셜 미디어에서 '페북 스타'의 힘을 직간접적으로 경험한 마케터들은 그들을 '얼짱'으로 부르며, 10대 여성 사이에 알려져 있는 인터넷 유명인을 홍보의 거점으로 삼으려는 노력을 본격화했다. 그리고 그것이 페북 스타들의 소속사가 등장하게 된 배경이다.

'페북 스타'를 중심으로 하는 소셜 마케팅 체제에서 '팬'들은 인터넷 스타를 거점으로 접근 가능한 잠재적 마케팅 대상으로 간주된다. 소셜 마케팅 업체들은 친구나 팔로워 수가 많은, 즉 잠재적 페북 스타인 10대 여성에게 자신들이 광고하는 상품을 공짜로 쓸 수 있도록 보내주고 협찬 후기를 페북 스타의 타임라인에 노출시키는 방식을 사용한다. 이러한 형식

6   Michael Serazio, *Your Ad Here: The Cool Sell of Guerrilla Marketing* (NY: New York University Press, 2013).

의 광고는 광고를 게시한 10대 여성의 수많은 친구의 타임라인에 공유되고, 원하든 원하지 않든 친구 네트워크의 모든 사람은 이 게시물을 보게 된다.

공유 네트워크에 기반한 소셜 마케팅이 성공하려면 '대놓고 하는 광고'라는 느낌이 들게 하기보다는 친구나 아는 사람이 정말 괜찮은 상품을 추천해 준다는 느낌을 갖게 하는 게 중요하다. 그리고 이것은 친구 네트워킹으로 가능하다. 광고 업체들은 아주 유명한 페북 스타를 활용하기도 하지만, 이제 막 알려지기 시작한 10대 여성을 활용한다. 이들은 저렴한 비용으로 높은 광고 효과를 얻을 수 있는 효과적인 공유 매체다.

재미있는 점은, 지금 소셜 미디어 광고에서 거의 정석으로 통용되는 인플루언서 마케팅이 이미 십 년 전 소녀성 산업의 10대 여성들한테서 시작되었다는 것이다. 오늘날 상품을 리뷰하고 추천하는 유튜버와 인스타그램의 수많은 광고 영상이 더는 부자연스럽지 않다. 오히려 당연하게 받아들여진다. 사람들한테 일단 신뢰와 호감을 얻어 구독자를 유지하기만 하면, 인플루언서에 대한 신뢰는 쉽게 사라지지 않기 때문이다.

인플루언서를 광고 매체로 활용하는 전략은 마케팅 대상이 있는 곳을 찾아다니거나 이들의 클릭을 유도하려는 노력을 현저히 줄여주었다. 얼짱이나 페북 스타와 같은 10대 여성이 자신만의 노하우로 모아놓은 또래 네트워크를 쉽게 손에 넣을 수 있기 때문이다.

> 얼짱을 왜 쓰냐면 연예인은, 작년 같은 경우는 저작권 문제가 심했던 거 같아요. 그런 걸 극복하려면 얼짱 친구들 쓰고 같이 참여시키는 게 가장 좋거든요. 그 친구들이 '라이크' 하나 눌러줘도 노출이 어마어마해요. 이슈를 탁 터뜨리고 얼짱 애들이 이걸 쓰면, '와, 이거 괜찮네.' 대기업도 어떻게 보면 무제한 노출시키고 자연스럽게 구매력을 향상시키는데, 저희가 그런 돈을 들이고 처음에 벤처인데 할 수가 없잖아요. 애들 가능성 보고 처음에 시작했던 거 같아요. 어마어마하죠. 노출이 거의 천문학적으로 일어나요. 화장품 전체 매출 다 책임지고 있어요.(사례 G)

사례 G는 10대 '얼짱' 여성들에게서 연예인 못지않은 영향력의 가능성을 찾았다고 말한다. 얼짱의 일거수일투족을 매일같이 확인하는 10대 여성층에 주목한 것이다. 실제로 얼짱을 통한 광고 효과는 '어마어마'했고, 이 통로가 사례 G 회사가 맡고 있는 화장품 광고의 전체 매출을 다 책임지고 있을 정도다.

그는 10대 여성의 디지털 리터러시와 유명세의 중요성을 확인한 뒤부터 10대 여성을 회사 마케팅에 지속적으로 활용할 방안을 모색해 왔다. 우선 그는 얼짱을 동경하거나 스스로 유명해지고 싶은 10대 여성들을 모집했다. 그리고 이들에게 '서포터즈'라고 이름 붙이고 회사에 소속된 얼짱을 만나게 해주거나 함께 일할 수 있는, 혹은 페이지 운영을 맡겨 이들이 여러 사람에게 알려질 수 있는 '기회'를 제공했다. 그는 자신이 10대를 어떻게 모았는지 설명하며 회사에 소속된 10대들이 '재미있게' 일하는 환경을 만들고 싶었다고 여러 번 강조했다.

> 소속감이라는 거 가지고 나쁜 말로는 이용한 거고, 어떻게 보면 좋게 소속감을 풀어냈죠. 뭔가 저희 패밀리를 만들기 시작했어요. 얼짱 애들이 섭외가 되니까 얼짱 언니랑 같이 일할 친구들 해갖고, 요즘에는 2기를 뽑고 있어요. (이름이 뷰티OO 서포터즈네요?) 이게 하는 게 빡세요. 첨엔 모르죠. 그래서 남는 애들이 10% 정도에요. 트레이닝 기간이 따로 있어요. 시키는 애가 따로 있고. 일주일 정도 포토샵이랑 뭐 약간 페이지 맡겨서 하는 거? 일단 기본적인 소셜 관리 같은 거 하면, 뭐 화장품 같은 거 써보고 연구해 보고, 얼짱이랑 계속 얘기하고, 뭐 요런 식으로 계속 하고 있거든요. (연령대는요?) 10대에서 20대 초반. 이 친구들한테 주급을 주거든요. 주급 주면서 이런 거 이렇게 좀 해줬으면 좋겠다. 지금은 주급이 엄청나죠. 근데 그 수익은 어마어마

하게 또 나니까.(사례 G)

사례 G는 유명인이 되고 싶은 욕망과 팬으로서의 욕망을 매
개로 10대 여성의 또래 네트워킹과 문화적인 감각을 자신들
에게 필요한 노동력으로 활용하고 있다. 또래 집단 내에서 얼
짱의 영향력이 있는 만큼 '얼짱 언니'와 함께 일할 수 있는 서
포터즈를 모집한다고 홍보하면 많은 지원자가 모인다. 유명인,
대세를 선망하는 10대 여성의 문화와 '팬심'을 건드려서 10대
여성의 노동력을 용이하게 활용하고자 하는 것이다. 이렇게
모인 서포터즈는 페이지 운영을 위한 트레이닝을 거친 뒤 주
급 형태로 아르바이트비를 받기도 한다.

　얼짱 언니에 대한 동경이 아무리 크더라도 서포터즈가
소화해 내야 하는 일의 양과 강도는 센 편이어서 결국 남는
서포터즈는 처음 신청한 인원의 10% 정도밖에 되지 않는다.
하지만 계속해서 '얼짱 언니'를 활용해 서포터즈를 모을 수
있기 때문에 이는 큰 문제가 되지 않는다. 사례 G에게 '얼짱'
은 자신의 팬들에게 광고 정보를 빠르고 자연스럽게 전달할
뿐 아니라 소셜 마케팅 사업에 활용할 수 있는 값싸고 유용
한 노동력을 가져다주는 훌륭한 매개체다.

　만나기 쉬웠어요. 제가 지금 서른인데 어떻게 10대 애들
　만나요. 얼짱 친구를 통해서 되게 쉽게 만나고. 저희가 그

런 뷰티 OO를 통해서 나이 이런 거 상관없이 다 이렇게 하나가 됐잖아요. 그죠. 저랑 열 몇 살 띠동갑 차이 나는 아이들인데요. 근데 뭐 '오빠 잘 지내요?' 이러고. 아이들 자주 만나요. 2주에 한 번씩 만나서 회식도 하고, 멀리 사는 친구 KTX 타고 오고. 그 비용도 저희가 내주거든요. (전국구군요.) 네. 온라인으로 먼저 하고 정기모임이 있으면 오고.(사례 G)

[사례 G와 일하게 된 계기는] 옛날에 처음이 초창기 때 협찬이 들어왔었어요. 고1 때. 그때 저한테 메시지를 한 게 사례 G 대표님이고, 거기서 계속 연락을 하다가. 제가 미용고등학교를 나왔어요. 제가 미용 하는 걸 아시고 이렇게 '일해 볼 생각 없냐?' 이렇게 먼저 해가지고. 처음에는 페이지를 시작하고. 제 페이스북을 통해 일하는 애들을 구했어요. 메일로 연락 달라고. 제 거를 보는 사람들이 일단 많으니까. 대표님이 저한테 이렇게 일할 애들을 올려 달라, 메일로 접수를 하게 해 달라, 이렇게 해가지고. (그게 사례 G 대표예요?) 네. 그래가지고 이제 애들이 연락 왔는데 거의 다 어린애들이었어요.(다정)

다정은 고1 때부터 고3 때까지 사례 G의 마케팅 사업에서 핵심적인 업무를 담당했던 10대 여성으로, 고1 당시 이미 페이스북의 또래 사이에서 얼굴이 알려진 상황이었다. 10대 여성을 대상으로 마케팅을 하고 있던 사례 G는 10대 여성에게 입소문을 퍼뜨릴 만한 방법을 찾던 중 10대 페북 스타인 다정에게 페이스북 메신저로 함께 일해 볼 것을 제안했다. 다정은 사례 G의 광고 상품과 화장품 상품 정보를 노출할 통로를 만들고자 또래들이 좋아할 만한 뷰티 정보 페이지를 운영하기 시작했고, 앞서 사례 G가 언급한 '서포터즈'를 모집하는 데도 중요한 매개체 역할을 했다. 다정은 "제 것을 보는 사람들이 일단 많으니까" 사례 G가 서포터즈를 모집하는 광고를 자신의 타임라인에 게시할 것을 요청했다고 설명한다. 사례 G는 10대의 또래성, 그리고 소셜 미디어가 이들에게 '놀이'이자 '소통'이라는 점을 최대한 활용하는 방식으로 10대 여성을 조직화했다.

사례 G는 10대 여성이 원하는 것을 할 기회를 제공한다는 의미를 잘 만들어, 이들을 거의 무임에 가까운 노동력으로 이용하는 것 같았다. 사례 G와 만난 후 그의 회사 소속의 얼짱을 만날 기회가 있었는데, 사례 G가 말한 것처럼 그렇게 즐거운 일을 하고 있다는 생각은 들지 않았다. 오히려 소모적으로 이용된다고 느꼈다. 10대 연구를 꾸준히 해온 필자의 입장에서는 이 10대들이 학교를 졸업한 뒤에 어떻게 살아가야 할지를 고민하는 중요한 시기에 있었다는 점을 고려하지 않을 수 없었기 때문이다. 이것에 관해서는 할 말이 많은

데, 이후 장들에서 다루도록 한다.

[OOO 소속사] 갑자기 막 페이스북 마케팅을 진짜 잘했어
요. 팔로워 많은 애들한테 돈을 막. 첫 번째였죠, 거의. 그
렇게 처음으로 돈을 준 게. 시작한 건 아닌데 파격적으로
계약을 한 건. (아, 시스템을 만들었군요?). 네. 계약 조건
걸고. 제가 처음 들은 건 거기였어요. 계약 조건이 있다고
들은 데는. 계약하면 얼마를 주겠다. (몇 개월 동안은 우리
거만 한다, 이런 식으로?) 네. 개인으로 하는 애들 거의 없
을 걸요. 그래서 마케팅 대행사에서 소속 있는 회사로 연
락이 오는 거고. 엄청나게 생겼죠.(다정)

다정은 고1 때부터 화장품이나 의류 등을 협찬받으며 자신
의 팔로워에게 후기 형식으로 광고를 제공하다가 사례 G와
함께 일해 왔다. 사례 G는 소셜 마케팅 업계에서 소속사를
만드는 분위기가 생기기도 전부터 얼짱과 얼짱이 되고 싶은
10대 여성을 조직해 마케팅에 참여시켰다. 다정이 사례 G 회
사에 소속된 지 3년, 본격적으로 소속사들이 등장했다. 다정
은 그 3년간의 변화가 '엄청났다'고 표현한다. 다정이 언급하
고 있는 'OOO'라는 소속사는 마케팅 회사로, 지금 가장 많
은 페북 스타와 계약 관계에 있다. 이 회사는 페북 스타를 위
한 소속사를 거의 처음 시작한 업체로, 소셜 마케팅 업체 대

표들과의 인터뷰에서도 자주 언급된 바 있다. 페북 스타에게 대거 협찬하는 방식으로 마케팅을 펼쳤던 OO라는 운동화 업체의 성공과 'OOO'라는 '페북 스타', '얼짱' 등의 인플루언서를 광고 시장과 연결해 주는 일종의 기획사가 등장했다. 소셜 마케팅 시장에 페북 스타를 본격적으로 규합하는 흐름이 만들어지기 시작한 것이다.

이젠 너무 많아서 대행사도 낄 자리가 없을 만큼 자기 소유[의 페북 스타]를 가지고 있는 회사들 너무 많아요. 엄청 많아요. 만약에 대행사가 모델을 구해야 하잖아요. 근데 없어. (이미 다 갖고 있어서, 소속사가?) 네. 그러면 할 수 없이 소속사로 연락을 해요, 대행사. 그러면 이제 돈을 떼고 자기가 갖고 여기에다가 연락을 하면 페이를 더 높게 달라고 해요. 그럼 그 화장품 회사에 가서 또 올려달라고. 개인적으로 접촉했을 때. 대행사를 거치면 만약 한 명이 모델만 받는 게 30만 원이라고 쳐요. 그러면 화장품 회사가 대행사를 거치면 한 50만 원에서 백만 원을 부르겠죠? 그럼 그 나머지 돈을 대행사가 가지는 건데, 이렇게 다이렉트로 되면 돈을 절감할 수가 있겠죠. 근데 그걸 [소속사] 회사가 막고 있고.(다정)

근데 요즘은 힘들어요, 협찬이. 진짜 유명한 애들은 소속사가 있어요. 지금 그런 회사가 크게는 한 세 군데. 다 가지고 있어요. 왜냐면 걔네(페북 스타)들도 돈을 벌어야 되잖아요. 제대로 된 값어치를 못해요, 개인이라면. 회사라면, 소속사 역할을 제대로 해준다면 서로 윈윈할 수 있는 거죠. 그래서 협찬 한 번 했을 때 영상 하나 찍어주고 삼백만 원. 막 이런 식으로 말도 안 되는 가격이 나오는 거고.(사례 C)

'소속사'라는 이름을 단 마케팅 브로커들이 소녀성 산업에 깊숙이 개입하기 시작하면서 페북 스타를 둘러싼 시장은 판이 커졌다. 기존에 10대 여성 개인에게 연락해 광고 상품을 협찬하거나 3-5만 원 정도로 가능했던 광고비가 소속사가 끼기 시작하면서 두세 배 이상 뛰기 시작했다. 물론 페북 스타가 받는 금액도 증가하지만 소속사는 이 페북 스타를 통해 더 많은 수익을 얻는 구조가 되었다.

다정의 이야기는 페북 스타를 활용한 소셜 마케팅 시장이 기하급수적으로 증가했으며, 이 판에 새롭게 등장한 소속사라는 주체가 페북 스타는 물론 소셜 마케팅 시장에 대한 영향력을 점차적으로 확장해 가고 있음을 보여준다. 소속사를 거치지 않고서는 소셜 마케팅을 진행하는 것이 거의 불가능해졌을 정도다. 소속사 체제가 본격화되면서 조금이라도 얼굴과 이름이 알려진 페북 스타 거의 대부분이 '소속'을 갖게 되었기 때문이다.

소속사가 어떤 페북 스타를 영입할 것인지 판단할 때 가장 중요하게 고려하는 것은 얼마나 많은 사람에게 정보를 노출할 수 있는가, 즉 팔로워 수다. 따라서 페북 스타가 받는 계약금은 팔로워의 수에 따라 차등적으로 지급된다. 팔로워 수에 비해 게시글 마다의 '좋아요' 수 비중이 높은 경우에는 팔로워가 적더라도 영입 대상이 된다. 팔로워가 '좋아요'를 누르는 경우에는 그 팔로워의 친구들에게도 정보를 노출시킬 수 있기 때문이다.

한 달 전 페이스북 메신저로 소속사에 들어오라는 제의를 받은 은진 역시 계약 조건으로 팔로워 수를 늘릴 것을 요구받았다.

페메[페이스북 메신저]가 왔어요. 뭐 OOO 대표인데 소속으로 활동할 생각 있냐. 유명한 사람들 이름 대면서 등등 있다. '할 생각 있으면 말해달라'고 해서 '있다'라고 하고. (계약은?) 만나서 했어요. (계약 내용은 어떤 거. 잘 읽어봤어요?) 아니요. 아니 제가 그 팔로워 2만을 넘겨야 계약금을 주면서 제대로 계약을 하는 건데, 전 지금 얼마 안 있어가지고 그냥 계약만 해놓은 상태고. (그니까 가계약 같은 거네요?) 네. 지금 정식적으로 계약한 거 아니니까 언제든지 나갈 수 있다. 계약을 하면 계약 기간 동안은 못 나가

고. 빨리 2만 채우라고. (2만 채우면 계약금은?) 10만 원이
라던데. (몇 개월에?) 그런 건 모르겠어요. '우리가 도와줄
거다' 이렇게 했는데. (뭘 어떻게 도와준다는 거지?) 그건
모르겠는데, 열심히 하래요.(은진)

고등학교에 재학 중인 은진은 소속사에 속한 지 불과 한 달
밖에 되지 않은 신인 페북 스타다. 소속사를 만들고 페북 스
타를 영입하기 시작한 스물네 살의 '대표 오빠'는 은진에게
정식 계약을 하려면 먼저 '팔로워 2만'을 만들 것을 요구했다.
'팔로워 2만'은 소속사 입장에서 페북 스타를 마케팅 매체로
활용할 수 있다고 판단되는 최소한의 수치인 것 같았다.

팔로워 수가 2만이 되면 6개월 혹은 1년 동안 10만 원의
계약금을 받고 소속사에서 주는 광고에만 참여할 수 있다. 또
한 은진은 소속사와 계약하는 순간부터 현금이 아닌 협찬으
로 광고 대가를 받는 것이 금지되었다. 이는 소속사가 광고비
일부를 수익으로 가져가기 위한 시스템으로 보인다. 하지만
10대 페북 스타들을 만나보니, 이들은 소속사가 자신에게 올
광고비 일부를 가져간다거나 협찬은 받을 수 없다거나 하는
등의 계약 조건에 대한 이해가 깊지 않았다. 다른 면접자한테
서 이 때문에 생긴 분쟁을 들은 적도 있었다.

10대 여성의 소셜 미디어 활동이 조직화되면서 소속사
에 페북 스타로 영입된 10대 여성은 상품을 자신의 타임라인

에 노출하는 일뿐만 아니라 신입 페북 스타의 업무를 관리하는 일을 맡기도 한다.

> 제가 OOOO[10대 의류 쇼핑몰] 했듯이 다른 애들도 많이
> 하거든요. 그래서 쇼핑몰이 저희한테 광고를 맡기면 제가
> 그거 관리하고 있어요. 그래서 그 운영이 어떻게 되는지,
> 매출이 전이랑 지금 어떻게 다른지 비교도 하고, 보고서
> 하루하루 쓰고. 또 애들이 말을 안 듣거든요. 왜냐면 올리
> 라 했는데도 연락을 안 받아요. (애들이 몇 살인데?) 다 제
> 또래거나 18살. 옛날에 제가 OOOO 했듯이. 페북에서 유
> 명한 애들 제가 한 50명 정도 맡고 있는데. 걔들이 이제는
> 쇼핑몰 광고하고 제가 콘텐츠 잘 올렸으면 잘 올렸다고 하
> 고. 일정을 또 짜서. 오늘 올려주는 날이니까 오늘 올려주
> 세요. 회사에서도 저 오라고 했던 이유도 페북 스타니까
> 페북 스타 입장을 잘 알 거고. 그래서 페북 스타 애가 회사
> 에 한 명 있으면 잘 되겠다 싶어갖고. [페이지] 3-4개를 50
> 명한테 분담해서 나눠주고. 그 한 명 한 명 다 보고서 써
> 야 되기도 하고, '좋아요' 수는 몇 개인지 댓글 반응은 어떤
> 지.(나현)

나현은 고등학교 때부터 꽤 유명한 페북 스타로, 필자가 만나
던 당시 'OO'라는 회사에 소속되어 있었다. 그녀는 지명도가

높고 동시에 페북 스타의 생리를 잘 아는 당사자로서, 다른 페북 스타를 효율적으로 관리하기 위한 관리자로 영입된 케이스였다. 나현은 페북 스타 중에서도 인기가 높은 축에 속하기 때문에 소속사 입장에서는 나현을 영입할 경우 유명한 페북 스타와 친해지고 싶거나 벤치마킹하길 원하는 예비 페북 스타를 영입하기가 용이하다. 그리고 무엇보다 나현이 팔로워를 늘려온 노하우를 활용할 수 있다.

나현은 자신과 같은 고등학생에서 20대 초반에 걸친 페북 스타 50명을 관리하고 있었다. 광고를 어떤 내용으로 언제 올릴지를 최종적으로 결정했고, 이들의 공유 활동과 팔로워의 반응을 모니터링하고 자신이 팔로워를 늘려온 노하우도 전수한다. 즉 나현의 업무는 자신의 팔로워는 물론이고 다른 페북 스타의 노동력을 효과적으로 활용할 수 있도록 하는 것이다.

(나현이가 OO 소속사 1호?) 네. 저랑 같이 처음 시작한 거예요. 올해 6월인데 지금 매출이 엄청 나온다고. 저희는 광고를 막 부담스럽게 하지 않고 입소문 타도록? 저 같은 경우는 후기도 좀 많이 썼거든요. 피부 변화. 스스로 쓴 것도 있고 다른 사람들이 썼는데 좋다고 막 저한테 와요, 고맙다고. 그 사람들이 막 자기 피부 원래 이랬는데 지금 이렇게 됐어요 하고 보내주거든요. 요청한 것도 아닌데. 뭐 제

팬 분들도 있겠지만. 뉴쪽 알아요? 쭉빵 카페. (응, 알아.)
그런 여자 사람들이 많은 카페에다가 그 후기를 또 뿌려
요. 그러면 이게 광고인지 모르고 여자애들이 '아, 이거 진
짜 좋은가보다', 갈팡질팡했다가 '이 후기 보니까 이제 사야
겠다.' 팔로워들이 제일 중요한. 어찌 보면 남자친구보다 더
중요할 수도 있는…. 만약 '좋아요' 한 명이 눌렀어요. 그러
면 백 명한테 전파되거든요. 그렇게 따지면 '좋아요'가 4천
개, 5천 개만 나와도 페북에 다 뿌려지는 거기 때문에 전
한 명 한 명 다 소중하게 생각해요.(나현)

페북 스타는 자신의 팔로워에게 단순히 특정 상품 정보를 알
리는 것에 그치는 것이 아니라 '소통'이라는 소셜 미디어의 미
덕을 통해 팬을 적극적으로 활용한다. 나현이 다른 페북 스
타에게 전수한 노하우에는 팔로워와의 '소통' 방법에 관한 것
이다. 그녀는 페북 스타 중에서도 팔로워와의 소통에 노력을
기울이는 편이었는데, 이는 그녀의 마케팅 감각이기도 했다.
나현의 소속사는 소셜 마케팅 회사이자 화장품 제조 회사이
기도 하다. 그녀는 자신의 유명세를 활용해 페북 스타인 자신
과 소통하길 원하는 10대 여성들한테서 받은 '순수한' 상품
후기를 마케팅에 활용해 자신과 자신이 홍보한 상품의 신뢰
도를 높이고 판매에도 기여했다. 또한 나현은 이 팔로워들과
의 소통을 통해 소속사가 기획하는 상품에 대한 아이디어와

제안, 선호도 등도 수집했다.

　나현은 소속사가 자신을 영입한 이유를 정확히 알았고, 이에 부응하면서 소속사 체제에서 조직화된 페북 스타와 이들의 팬인 또래 네트워크의 위력을 실감하기 시작했다.

　페북 스타들이 50명 정도 있잖아요. 한 명당 기본 팔로워 5만 명부터 시작하거든요. 그 5만 명이 곱하기 50이면 전파력이 정말 어마 어마하거든요. 저도 페북 스타들이 그렇게 광고해 봐야 얼마 벌겠나 했는데, 보고서 쓰다 보니까 매출이 거의 여덟 배 정도 차이 나는 거예요. 점점점, 이게 아니고 이렇게 (손으로 갑자기 솟구치는 그래프 곡선을 그리며) 되는 거예요, 갑자기. 그래서 쇼핑몰도 갑자기 이렇게 되니까 물량을 감당을 못해서 그만하고 싶다는 적도 많고. 매출이 너무 많이 나오니까 매출을 줄이자 해서 그때부터 좀 덜하고. 페북이 좀 그렇구나 해서 저도 좀 조심스럽기도 하고. 진짜 페북이 다 뿌려지는 거니까. 원래 매출이 3천이었다 하면 1억 정도 나왔어요. 2억 정도 나온 데도 있었고. 작은 쇼핑몰은 제가 인원 조금만 넣어주고 큰 쇼핑몰은 많이 해서. 물량 감당 가능한 정도로.(나현)

앞서 사례 G는 일찍이 얼짱, 페북 스타를 통해 소셜 마케팅의 가능성을 보고 본격적으로 사업을 시작했다고 했다. 마찬가지로 나현은 자신이 관리하는 50명의 페북 스타를 각기 어떤 업체의 광고에 투입하는가에 따라 즉각적인 매출 효과가 따라오는 것을 경험했다. 처음 페이스북을 시작하고 난 뒤 곧 페북 스타가 되었을 때만 해도 '페북 스타들이 그렇게 광고해봐야 얼마 벌겠나'라고 생각했지만 구체적인 매출액의 차이를 경험하면서 소셜 미디어와 인플루언서의 위력을 실감했다.

나현의 말에 따르면, 페북 스타를 활용한 광고는 한 달이라는 아주 짧은 기간만으로도 가시적인 성과를 보여주는데, 그 동력은 바로 팔로워다. 이 회사에 소속된 50명의 페북 스타는 최소한으로 잡아도 각각 5만 명의 팔로워를 가지고 있다. 나현의 말대로 '(팔로워) 5만 명 곱하기 (페북 스타) 50'이면 전파력이 어마어마해지는 것이다.

> (광고비는 소속사랑 어떻게 나눠 가지나요?) 정확히는 모르겠는데, 뭐 저 같은 경우에는 원가가 20만 원이다 하면 10만 원은 OO스킨이 가지고 10만 원은 저한테 주고, 이런 식으로. 그래야 남는 게 있으니까. 팔로우 한 5만 명 애들은 단가 10원 주면 한 7만 원은 OO스킨이 가지고.(나현)

대다수의 소속사는 과거에는 광고 대행사가 페북 스타들에게 직접 접촉하던 통로를 독점하게 되었다. 광고 단가에 관한 정보 또한 독점하고 있어, 페북 스타가 벌어들이는 수익의 대부분을 가져간다. 나현이 설명하고 있듯이, 10만 원짜리 광고가 들어와서 소속사가 그 일을 페북 스타에게 줄 때, 페북 스타가 갖게 되는 수익은 3만 원이고 나머지는 소속사가 갖는다. 페북 스타 50명을 보유한 이 소속사 대표는 사무실이나 공장을 운영하지 않고도 컴퓨터 한 대만으로 페북 스타와 이들을 통해 들어오는 광고 의뢰를 관리한다. 소속사는 광고 의뢰의 주 통로인 페북 스타의 시간과 그 팬들의 시간을 이용해서 많은 돈을 벌어들인다. 10대 여성의 또래 문화와 이들의 '놀이', '소통'은 누군가에게는 돈을 벌어들일 수 있는 새로운 대륙으로 발견되고 있다.

2부 유능한 노동자 페북 스타

10대 여성이 소녀성 산업에 일단 동원되면, 그들은 소셜 미디어 플랫폼을 매개로 해서 상품 판매 기업과 소셜 마케팅 기업, 인플루언서 기획사 등 이윤 추구를 목표로 하는 상업적 주체들과 네트워크화되기 시작한다. 소셜 미디어는 10대 여성의 참여로 일종의 잠재력 있는 소비 상품의 전시장이 되고, 상품 판매 기업은 자사의 상품을 홍보하고 판매하고자 소녀성 산업을 구축한다. 그들은 10대 여성 이용자의 반응을 모니터링하는 한편, 10대 여성 사이에 알려진 여러 명의 '얼짱'이나 '페북 스타', 팔로어가 많은 페이지를 섭외한 뒤, 협찬 광고나 3만 원, 5만 원 정도의 비용으로 광고 게시글을 의뢰한다. 상품 판매 기업은 웬만한 규모가 아닌 이상 조직적으로 마케팅하기가 쉽지 않다. 소셜 미디어라는 매체에 대한 경험과 이해가 부족한 업체의 경우에도 소셜 미디어 마케팅을 한다는 것은 쉬운 일이 아니다. 이렇게 소셜 마케팅 기업에 의뢰하게 되면 소셜 마케팅을 직접 하는 상품 판매 기업과 마찬가지로 광고는 '얼짱'이나 '페북 스타', 페이스북의 유명 페이지를 통해 이루어진다.

소셜 마케팅 기업은 말 그대로 광고 대행업체다. 소녀성 산업에서 이 소셜 마케팅 기업의 위상은 상당히 높은 편인데,

외견상 소셜 미디어에서 가치를 만들어내는 것은 바로 이 마케팅의 영역이기 때문이다. 이런 맥락에서 소셜 마케팅 기업 중에는 마케팅 기업으로 시작해 점차 상품 판매 기업으로 확장해 나가는 경우도 많다. 소셜 마케팅 기업이 하는 일은 광고 게시물의 통로를 확보하고 이를 무조건 빨리, 널리 퍼뜨리는 것이다. 이 유통망이 구축되기만 하면 상품 판매 기업의 매출은 자연스럽게 뒤따라온다는 것이 소녀성 산업의 각 행위자들이 공통적으로 하는 말이다. 즉 소셜 마케팅 기업은 엄청난 영향력이 있는 광고 매체를 가지고 있는 것이나 마찬가지인 셈이 되고, 이미 구축된 자신들의 매체를 이용해 소셜 마케팅 기업이 상품을 만들어 팔기도 한다.

소셜 마케팅 기업은 주로 페이스북 페이지를 보유하고 있으며, '페북 스타'나 '얼짱', 블로거를 광고 이슈가 있을 때마다 한시적으로 동원해 빠르게 여론 몰이를 하는 방식을 취한다. 몇몇 소셜 마케팅 기업은 소셜 마케팅을 위해 이러한 과정을 반복적으로 거치다가 이미 어느 정도의 팔로워를 보유한 페이스북의 페이지나 블로그를 사모아 자신들의 매체를 물리적으로 늘리고 확장시키기도 한다(사례 B). 또한 이들은 인플루언서를 관리하고 이들에게 광고를 알선하는 기획사 혹은 소속사의 성격을 띠거나 그러한 기업을 새롭게 만들기도 한다(사례 G).

이 같은 상황이 되면 상품 판매 기업은 자체 홍보를 하는 것이 어려워지기 시작하고 점차적으로 소셜 마케팅 기업에 광고를 의뢰하게 된다. 상품 판매 기업들이 자체 홍보를 위해 광고를 의뢰하고자 하는 페이지는 이미 소셜 마케팅 기업이 소유 중이고, 운영자나 '페북 스타', '얼짱'은 점차 '소속사'의 성격을 띠기 시작한 소셜 마케팅 업체를 거쳐야만 하기 때문이다.

'페북 스타'나 '얼짱'에게 놀이였던 일이 광고를 의뢰하거나 협찬을 제공하는 상업적 주체와 연결될 때 그 놀이는 특정한 의도를 가진, 특정한 절차를 따라야 하는 '일'이 된다. 연구 참여자 중의 한 명인 은진은 자신의 계정을 마음대로 활용할 자율성을 잠시 박탈당한다. 자신의 계정에 대한 통제권이 협찬사 혹은 광고 의뢰자에게로 양도되는 것이다. 은진은 의류 협찬을 받고 그 옷을 입은 사진을 찍어 올리는 일을 제의받았다. 자신이 필요로 한 일은 아니었지만 그 제의에 응하는 순간 은진은 사진을 어떤 분위기로 찍을지, 사진은 몇 장을 찍어야 하며 업로드할 때 어떤 멘트를 쓸지, 또 언제 올릴지 등 자신의 타임라인에 올리게 될 게시물에 대한 통제권을 잃게 된다. 즉 소셜 미디어에서의 10대 여성의 참여 활동은 실제로 소녀성 산업의 토대이지만, 이 참여 활동을 상품 판매, 마케팅 기업과 기획사 등이 전유하면서 10대 여성은 점차 소녀성 산업 조직에서 '뮤즈 모델'로서, '페북 스타'로서 자신이 맡게 되는 역할은 통제되고 한정된다.

소녀성 산업은 산업화된 위계 구조 속으로 10대 여성을 편입시켜 그들이 일상 전반에 걸쳐 시간을 쓰고 몸을 관리하는 등의 소셜 미디어 활동에 필요한 통제력을 행사한다. 10대 여성은 자신의 현재를 투여해 '협찬'이나 또래 네트워크에서의 일시적 명성을 얻는 데 반해, 사회적, 경제적 지위와 이득은 이 위계의 꼭대기에 있는 기업가들의 몫이 된다. 이 위계에서 10대 여성은 개인적 놀이의 장에서 자유롭게 행사하던 통제력을 잃게 될 뿐 아니라 저렴하고 관리하기 용이한 노동력으로 동원된다.

6장 일상과 감각을 판매하기:
소셜 미디어를 '잘하는 소녀' 되기

10대 여성의 하위문화로 자리 잡은 '페북 스타'는 소셜 미디어의 자기 전시와 수평적 네트워크를 통해 등장한 새로운 유형의 인물이다. 소셜 미디어는 새로운 유명인의 범주인 마이크로셀러브리티[1]를 만들어냈는데, 한국에서는 '페북 스타'나 '파워 블로거', '얼짱', '유명 BJ'와 같은 인물들이 바로 그들이었다. 웹 이용자들의 '제보'와 '공유'로 유명세를 얻은 초기 인플루언서는 '얼짱'이었다. 이들은 인터넷의 유명세를 통해 연예인으로 진출할 기회를 얻을 정도로 인터넷 문화의 실제적 영향력을 경험했다. 이러한 현상은 2000년대 초, 싸이월드와 블로그 등 웹2.0 플랫폼 기반 서비스의 첫 유저(이용자) 세대

---

1   마이크로셀러브리티(micro-celebrity)는 전통적 미디어가 아니라 인터넷망을 통해 일시적으로 혹은 한정된 분야에서 인기를 누리는 사람을 뜻한다(http://www.urbandictionary.com).

의 개방성과 참여성이 얼마나 강력한 경제적, 문화적 힘을 가지고 있는지를 보여준다.

'얼짱' 문화와 같이 인터넷에서의 주목과 관심 현상이 어떤 문화적, 경제적 이익을 가져오는지를 경험한 인터넷 세대들은 소위 일반인들의 '스타성', '유명세(celebrity)'와 유사한 정서를 만들어냈다. 디지털카메라와 모바일 카메라, 스마트폰으로 이어지는 테크놀로지의 발전과 트위터, 페이스북, 인스타그램 등의 소셜 미디어가 대중화되면서 개인들의 취미, 경험, 일상 등을 전시하는 방식에 큰 변화가 일었다. 일반인들이 연예인과 구별되는 '스타성', '유명세'를 누리는 일이 가능해졌고, 이에 적극적으로 '인터넷 스타'가 되고자 하는 인물과 그 '팬'이 탄생했다.

이 '팬'들은 대중교통이나 길거리, 카페, 자신의 방 침대 위에서 자투리 시간을 손에 든 스마트폰으로 '예쁜 언니'나 스타일리시한 블로거 혹은 인스타그래머, 그리고 유행하는 화장법과 화장품 정보를 제공하는 뷰티 블로거를 찾고 관찰하는 데 많은 시간을 할애한다. 이렇게 발견한 인터넷의 인물들을 다른 친구들과 공유하고, 자신의 스마트폰이나 컴퓨터에 북마크해 놓고 수시로 방문하는 것은 동시대의 10대, 20대에게 일상적인 문화다.

이 같은 인플루언서는 소셜 미디어 시장에서 사람들을 빠르고 쉽게 모은다. 상업적 주체들은 인플루언서의 이러한 영향력을 활용해 경제 활동을 도모하기가 용이해진다. 이는 비단 페이스북에 국한되어 있는 것이라기보다 소셜 미디어 전반의 공통적인 현상이다.

> 피팅 모델 하면서 제일 좋았던 거는 쇼핑몰에 얼굴이 올라가면서 일단 아는 사람들이 많아졌어요. 제가 쇼핑몰을 차리려고 준비할 때 카카오스토리에다가 쇼핑몰 이제 차리겠다고 했더니, 사람들이 기대 진짜 많이 하겠다고. 그런 식으로 진짜 구매해 주신 분들도 많고. 제일 큰 도움이 그런 거 같아요.(경현)

고등학교 3학년생인 경현은 10대 여성 의류 쇼핑몰에서의 피팅 모델 활동을 통해 또래 집단에 얼굴을 알렸고, 여기에서 얻은 유명세로 자신의 쇼핑몰 홍보가 가능했다. 경현의 사례처럼, 인터넷상에서 어느 정도의 팬과 나름의 명성을 가진 인물들은 스스로를 상품 정보의 공유 매개체로 활용해 자신의 사업을 펼치기도 한다.

소셜 미디어로 등장한 이러한 새로운 인물형은 대다수가 연예인으로 진입하고자 했던 과거 인터넷 얼짱과 달리 소셜 미디어 세계 안에서 독자적인 시장과 팬층을 꾸리고 있다. 그리고 여기에는 소셜 마케팅 시장이 밀접하게 매개되어 있다. 페북 스타들을 중심으로 하는 기획사 설립이 붐을 이루는 경향도 이러한 흐름을 반영한다. 즐거움과 재미가 주된 목적이었고, 그래서 기상천외한 콘텐츠를 스스로 생산해 내는 인플루언서들은 팬들과의 수평적인 만남과 소통, 친밀함을 토대로 소셜 미디어 시장에 꼭 맞는 효율적인 인물이 되고 있는 것이다.

소셜 마케팅 업체 사이에서는 업계에서 성공하기 위한 가장 중요한 요소로 'SNS 잘하는 사람'을 꼽는다. 소셜 미디어를 잘한다는 것은 사람들의 주목을 잘 끌어낸다는 것을 의미한다. 10대는 어릴 때부터 소셜 미디어를 친숙하게 다뤄오면서 다른 세대에 비해 소셜 미디어에 특화된 감각을 키워왔다. 청소년들은 소셜 미디어를 아지트 삼아 친구들이 '좋아요'를 눌러줄 만한 글이나 이미지를 선별해 업로드하고, 친구 수와 '좋아요', 댓글 수를 늘리면서 즐거움을 얻는다.

관심 얻기의 통로인 소셜 미디어 문화의 포문을 연 이 세대의 감각은 90년대 텍스트 기반의 '익명'적 문화에 더 익숙한 세대와는 완전히 다를 수밖에 없다. 이런 점에서 소녀성 산업에서 10대 여성은 소셜 미디어의 숙련된, 파급력 있는 이용자로서 '주목받기'와 '무조건 퍼뜨리기'의 유능한 톱니바퀴로 이해된다.

그냥 약간 SNS를 잘할 줄 아는 거 같아요. 데리고 있는 얼짱 친구들도 솔직히 말하면 못생긴 애도 있어요. 근데 포토샵뿐 아니라 자기 마케팅, SNS 하는 거, 활용 능력, 그런 거 다 통합해 가지고 옛날 얼짱 시대랑 다르게. 그래서 그런 친구들을 키우는 게 맞는 거 같아요. 애들 교육도 시켜요. 포토샵 같은 것도 시켜서. [페이스북 페이지 보여주면서] 이렇게. 하나도 할 줄 모르는 애들이에요. 근데 가르쳐가지고 이런 식으로 포토샵 하는 친구가 있거든요. 교육시켜줘요. 전문가예요. 전문가라고 볼 수도 있고. 그니까, 오히려 어린애들이 더 잘하고.(사례 G)

페북 보면 10대 애들이 그런 규칙을 되게 빨리 연구하고요, 지금도 '좋아요' 늘리는 방법에 대해서 알고 있는 애들이 있어요. 계속 막아내고 풀어내고 막아내고 풀어내고, 이거를 하고 있어요. 진짜 놀라워요. 저도 많이 배워요. 10대 애들 만나면 말이 안 나와요. 저도 이 일 아니면 그 친구들 볼 일도 없었죠. 근데 되게 신기했어요. 진짜 빨리 배워요, 애들이. 그리고 페북 스타 중에 장○○이라는 친구 하나 있는데, 장○○, 정○○, 양○○. 애들이 팔로워를 10만씩, 20만씩 끌고 다녀요. 근데 장○○ 같은 경우는 지금 대학을 안 갔는데 만 스무 살이에요. (얘들은 이거를 직업으로 하는 건가요, 마치 모델처럼?) 업으로 하고 있죠. 근데 장○○ 같은 친구는 저도 만나보고 깜짝 놀라요. 예를 들면 이런 거죠. 페이스북 같은 경우에 옛날 같으면 '좋아요'가 5천 개, 6천 개 정도 나왔는데, '이제 많이 줄었다. 광고 탓인 거 같기도 하고 뭔가 유입이 빠진 거 같기도 하고 알고리즘이 많이 바뀐 거 같기도 하다. 그래서 지금 빨리 인스타그램으로 바꿔야겠다' 이런 얘기를 해요. 그런 천부적 능력을 가지고 있어요. 대단해요, 정말. 알고리즘 얘기는 그 10대 애들이 전부 다 해요. 그니까 자기들끼리 줄여가지고 '알고, 알고' 이래요. 알고리즘은 아마 철자도 못쓸거 같은데 그 알고리즘 얘기를 해요. 대단해요. 저희도 만나면 깜짝깜짝 놀라요. 그래서 인스타그램을 자기들 이제 페북 스타들, 페북이 끝나면 자기도 끝나니까 자기 유명한 연예인도 아니고 A급도 아니고 이 친구들도 쇼핑몰을 해요. (현실 파악이 엄청나네요!) 엄청 빨라요. 이 친구는 근데 특이한 케이스예요. 특출나요. 여자애예요. 근데 저도 요즘 연락이 안 돼요. 요즘 연락이 안 되는 이유가 뭐냐면, 되게 바빠요. [장OO 페이지 보여주며] 이 친구예요. 이것도 지금 광고죠. 광고하고 있죠. 예쁘게 생겼어요. 이 친구가 그래요. '인스타그램은 광고 팔기는 좀 애매한 거 같다. 그래서 아프리카로 간다.' 아프리카방송을 하고 있어요.(사례 D)

스타트업 대표인 사례 D는 'SNS 잘하는 사람'으로 10대를 꼽고 있다. 사례 D는, 필자가 소셜 미디어와 10대에 관한 이야기를 꺼내자 무척 흥분했다. 10대는 어른 세대에 비해 어떻게 하면 더 많은 팬을 끌어 모을 수 있고 '좋아요' 수를 늘릴 수 있는지에 대한 탁월한 감각을 가졌다는 것이다. 뿐만 아니라 늘 소셜 미디어에 상주하기 때문에 플랫폼의 알고리즘까지 파악하고는 플랫폼 변화에 발 빠르게 대처할 정도다. 사례 D가 언급하고 있지만, '페북 스타'는 단순히 예쁘게 웃으며 셀카나 찍는 어린 여성들이 아니다. 자신이 가진 디지털 리터러시를 최대한 활용해 '좋아요 눌리는 방법'을 계속해서 연구하고, 경제적 수익을 고려해 활용법을 분석하는 소셜 미디어 전문가라는 것이다.

실상 이 같은 10대 여성의 평판 확보의 기술이 '전문성'으로 의미화되는 것은 이를 경제적 측면, 이윤 추구라는 목표 아래에서 이해하기 때문이다. 애초에 이 '전문성'은 소셜 미디어에 자기를 전시하고 이를 매개로 또래 네트워크와 소통하면서 얻게 되는 디지털 리터러시와 감각이다. 마치 게임에서 점차적으로 미션을 수행해 가며 결과적으로 숙련된 게임 해결 기술을 얻게 되는 것과 마찬가지로 '즐거움', '놀이'의 성격이 더 큰 것이었다.

소셜 미디어에서 할 일 없이 많은 시간을 보내는 것처럼 보이는 10대 여성들이 마케팅 판을 만들어가고 있었다. 이 판에서 10대 여성이 하는 일의 내용은 또래 네트워크에서 관심을 받고 있거나 관심을 받을 만한 주제를 선정하는 것, 그 주제를 돋보일 수 있는 형태로 가공하는 것, 디지털 콘텐츠로 만들기 위한 이미지 작업, 그리고 생산된 콘텐츠를 매개로 팔로워와 소통하는 일 등 다양한 영역에 걸쳐 있다.

> 그니까 꼭 항상 여자들이 하는 거는 다이어트예요. 막 가슴 커지는 거, 볼살 빼는 거, 이런 거 막 하거든요. 가슴에 좋은 음식, 이러면 사람들이 미친 듯이 '라이크'를 누르고 공유를 해요. 아래 댓글에 '니 좀 커라' 이러고 막 댓글을 달아요. 그렇게 하면서 막 친구를 많이 태그를 할 수 있는 글. 저도 겪는 일이니까. 저도 그런 글에는 저도 친구들 태그 하니까. … 가끔씩 뭐 잘생긴 애들한테 '너 사진 올려도 되냐?' 그래서 올리고. 이게 인기가 좋아지니까 아예 얼짱 페이지를 만들었어요. 이제 거기서 주위에 예쁜 애들, 인기 많은 애들 많으니까, 애들 보고 이제 물어보고 올리도록 해라 해가지고. 처음엔 저도 올리고 하다가 뷰티○○는 그런 거 올리다가 꿀팁 같은 거. 시험 기간에 '이거 공유 안 하면 망해라' 이런 거.(다정)

또래 집단에서 통용되는 소셜 미디어의 문법은 다정이 가진 가장 큰 자원이며 전략이다. 다정은 친구들과 소셜 미디어에서 나누는 잡담의 내용과 형식을 팔로워와 소통할 때도 똑같이 적용한다. 두드러지게 뛰어난 외모를 가진 누군가의 사진을 공유하거나 '이거 공유 안 하는 사람은 시험 망해라'와 같은 멘트를 남긴다. 다정은 기존의 광고 문법을 따르기보다는 또래 문화를 끌고 와 10대 여성들의 공감과 참여를 불러일으켰다.

일하는 애들은 맨날 바뀌었는데, 콘텐츠를 포토샵으로 제작하는. 첨엔 제가 했었는데. 포토샵을 잘하는 애들 많잖아요. 제 나이대도 많았는데 그런 애가 한 명 있었고, 그다음 [에] 자료를 찾는 애가 있었고. 너무 어리면 또 개념이 없으니까 몇 살 이상, 뭐 포토샵 가능자 우대. 이렇게 해가지고 애들을 모집해서 페이지를 넓혀가기 시작했어요. [모집한 애들에게] '이 페이지는 니가 전담해라, 세 개.' 포토샵 해가지고 허락을 맡으라고. 제가 거기서 좀 지시하는?(다정)

저희가 여성 쇼핑몰도 맡고 있는데 남성 쇼핑몰도 맡고 있거든요. 얼굴 예쁜 애들은 남자도 좋아하지만 여자들이 더 많이 좋아하고. 약간 몸매 부각하는 애들은 여자보다 남자 팔로워가 많으니까. 그런 애들한텐 남성 쇼핑몰 주고. 그렇게 해야 일단 효과가 있으니까. 그거 팬층이 다 어떤지 파악하고 쇼핑몰 나눠줘요.(나현)

경현과 나현 역시 다정과 마찬가지로 페북 스타로서가 아니라 평소 '소셜 미디어 이용자'라는 정체성을 바탕으로 마케팅을 하고 있다. 이는 소셜 미디어에 따라 각기 어떤 특징과 이용자 간의 고유한 소통 방식을 가지고 있는지를 알지 못하면 불가능한 일이다. 또한 10대인 자신과 친구들이 소셜 미디어를 왜 하는지, 어떤 사진에 '좋아요'를 누르는지 역시 잘 알고 있다. 그래서 다정과 나현이 각각 이야기하고 있듯, 포토샵 능력을 중요하게 생각하고, 어떤 이미지를 누구한테 보여줄지 결정하는 데 신중하다.

10대들은 얼굴은 물론 음식이나 장소, 풍경 등 자신이 경험한 모든 것을 사진으로 남겨 소셜 미디어에 업로드한다. 앞서 확인했듯, 10대 여성은 셀피 한 장을 얻으려고 한 시간을 들여 100장의 사진을 찍고 선별하고 보정할 정도로 공을 들인다. 열정과 즐거움이 담긴 사진은 소셜 미디어의 평판 문화의 핵심적인 요소다.

이런 10대 여성의 셀피 문화는 소셜 미디어 문화를 만들고 또한 소셜 마케팅의 새로운 장을 열었다고 해도 과언이 아니다. 이미지를 활용해 자신과 일상을 전시하는 또래 문화는 상업성에 대한 저항을 감소시킨다. 예컨대 페북 스타의 개인 계정을 통한 아마추어적인 광고는 레거시 미디어 광고에서 느끼게 되는 프로페셔널하고 상업적인 성격과 대비된다. 이용자/소비자로서의 사용 경험이 광고의 주된 내용이 되면서 일상적 필요성이 보다 효과적으로 부각된다.

> 너무 광고적으로 다가가면 사람들이 약간 부담감도 느끼
> 고 싫어하는데, 일상 사진 올리고 '평소에 이런 옷을 입
> 는다', '오늘은 추우니까 니트를 입었다' 하고 해시태그
> ○○○○[의류 쇼핑몰]. 그렇게 링크를 올리는 거죠. 굳이
> 옷 언급은 안 해도 되는데 옷 쪽으로 보이게.(나현)

페북 스타들은 최대한 사랑스럽고 또래가 좋아할 만한 모습
을 전시하고 그 상품이 '진짜 자신의 것'처럼 보이게 하는 일
을 한다. 나현은 자신이 뮤즈 모델로 활동하는 쇼핑몰이나
특정 제품의 광고 게시물에서는 제품에 대한 언급은 거의 하
지 않고 관련 링크만 적어둔다. 얼핏 보면 마치 광고와는 상
관없는 셀카나 일상을 공유하고 있는 것처럼 보인다. 하지만
이 유명한 페북 스타의 일상 사진을 보다 보면 '저 옷은 어디
서 살 수 있을까', '저 카페에 가고 싶은데'라는 생각을 하게
된다. 궁금한 팔로워들은 댓글로 직접 묻기도 한다. 그런데 사
진-광고는 친절하게도 미리 그 정보들을 제공하고 있으니 모
두에게 좋은 것이다.

> 광고를 하나 올리면 그 위에 제 일상이 있어야지 광고가
> 좀 내려가고 그 위에 또 다른 광고를 하니까. 계속 광고를

하면 없어요, 사람들. (그래서 보통 때 사진도 열심히 올리는 거예요?) 네. 인스타그램에는 또 그냥 제 일상 셀카 페이스북 하니까 인스타그램 하는 거예요, 또.(다정)

(팔로우를 늘리기 위한 전략들은?) 콘텐츠를 계속 올려야 되는데 약간 너무 막 불리면 안 되고 너무 광고만 올려도 안 되고, 팔로워들이 좋아할 만한 내용으로. 예를 들면 너무 광고만 올려서 약간 관심이 식을 때 즈음에 제 일상을 포스팅한다든가. 더 소통하면서 약간 평범하게 살고 있다[는 걸 보여주는 거죠]. 댓글들 내용 보면 제가 생각했던 대로 '친근감을 많이 느꼈다', '소통해서 좋다' 이런 반응이 많거든요. [팔로워들이] 어떤 걸 원하는지도 분석하고…. 페북은 그렇게 하고, 인스타그램 같은 경우는 전체적인 분위기가 약간 일관돼야 하거든요. 이쪽은 약간 초록색이다 싶으면 여긴 하얀색이고, 여기 이쪽은 약간 지금은 안 맞췄는데 약간 브라운이고. 그렇게 맞추고 있거든요. 그래서 음식사진은 올리고 한두 시간 뒤에 삭제하고. 이렇게 하니까 약간 다른 사람보다 팔로워를 빠르게, 계속 하다 보니까 [사람들이 좋아해 주는 피드 만드는 법을] 터득하게 되는 것 같아요.(나현)

나현과 다정은 계정을 운영하는 데 사람들을 끌어 모으는 자신만의 전략이 있다. 자신의 페이스북 계정을 광고 도구로 활용하지만 광고를 전면화하고 있다는 느낌을 상쇄시키려고 중간중간 일상 게시물을 올린다. 페이스북을 광고 채널로 사용하는 대신 인스타그램과 같이 비교적 아직 광고 시장에 나와 있지 않은 채널에서는 전적으로 일상을 보여주는 식이다. 각기 다른 성격의 소셜 미디어를 동시에 운영하고 교차적으로 홍보하는 방식으로 플랫폼 종류와 상관없이 소셜 미디어 전반에서 팔로워를 늘리고자 한다.

특히 나현은 소셜 미디어 이용자들이 감각 있는 소셜 미디어 리더를 동경한다는 사실에 착안해 팔로워에 대한 지속적인 모니터링과 업로드하는 사진 색채의 통일성까지 고려하는 등 팔로워를 늘리고자 다양한 시도를 하고 있다. '계속 하다 보니 터득하게 되는' 소셜 미디어 활용 능력을 바탕으로 나현은 '다른 사람보다 팔로워를 빠르게' 늘렸다고 자평한다. 나현은 팔로워 13만 명을 가진 페북 스타라는 점 하나로 소셜 마케팅 업체에 특채로 고용되었다.

저는 막 연관 검색어에 OOO[자신의 본명] 실물 이런 거 있고. 약간 부정적인 애들이 있어요. 요즘에는 또 제 초등학교 졸업사진 뜰락 말락 하거든요. 제가 빨리 대처해서 없애긴 하는데. 그래서 이제 뭔가 거기에 대한 준비도 하고 있고. 어찌 보면 이것도 노이즈 마케팅이라고. 제가 초등학교 졸업사진이 올라오면 제가 애기 때 사진 잘 나온 거 올리고 하다 보면 사람들 반응도 '그래 초등학교 사진 누가 잘 나오냐'고. 그러다 보면 팔로워도 또 높아질 거고. 약간의 상처는 받겠지만. 그 제가 이전 페북 계정 팔로워가 13만 명인데, 13만 명 모으기까지 진짜 힘들었는데. 그것도 제가 회사 들어오고 나서 파기된 거라. 회사에서는 제가 페북 스타라고 해서 데리고 왔는데, 페북은 또 없고. 그래서 그나마 다행이었던 게 인스타그램에서는 더 유명하잖아요. 그래서 이럴 시간에 페북을 다시 만들어서 인스타그램에 페북 팔로우해 달라고 홍보를 하자 해서 지금 3개월 만에 15만 명을 만든 거거든요. 전 계정은 1년 반 해서 13만 명을 만들었는데 이제는 3개월? 아니다 5개월? 5개월 만에 15만 명을 모았어요.(나현)

나현은 자신의 보정하지 않은 사진, 초등학교 졸업사진 등 감추고 싶은 모습을 팔로워를 늘리는 데 활용할 전략을 짤 만큼 소셜 미디어에서 화제를 어떻게 만들고 입소문을 탈 수 있는지 잘 알고 있다. 나현은 얼마 전 실명 인증과 관련된 문제로 팔로워 13만 명의 페이스북 계정을 정지당했지만, 이러한 감각 덕분에 이후 새로 만든 계정으로 불과 5개월 만에 15만 명을 모을 수 있었다. 뿐만 아니라 끊임없이 자신이 가진 소셜 미디어적 감각을 자원화하기 위해 고민한다.

나현의 마케팅 전략이 페북 스타들이 공통적으로 활용하는 이미지 보정을 통한 '예쁨'과 '일상 전시' 그리고 공유 감각을 활용한 다양한 시도라면, 다정의 전략은 '패션 뷰티' 영역을 중심으로 제공하는 정보다.

제가 여자 팬이 엄청 많았어요. 왜냐면 화장 쪽이나 그런 거 이벤트를 많이 했거든요. 화장품, '만약 화장법 올리면 여기에 사용된 섀도우를 한 명한테 준다', 이런 것도 하고. 그런 거를 하면 사람들이 '좋아요'를 눌러주고 다른 사람한테 퍼지고. 그걸로 인해서 저를 팔로우하니까. 그때는 더 많은 사람이 저를 봐줬으면 좋겠다는 생각을 했어요. 그때는 이렇게까지 될 줄 몰랐어요. 이제는 회사에서 제품 받고 그거를 이벤트를 할 수 있을 정도예요, 제가 부담 안 해도. 그래서 그냥 공유도 한 번 하고 좀 줄어들었다 싶으면 이벤트 하고. 또 재밌게 사람들이 광고를 풀어나가는 애들. 좀 궁금한 애들이 있어요. 어떻게 하지? 이러고 좀 보고.(다정)

아예 쇼핑몰 그쪽으로 하고 싶어서 하는 사람 많더라구요. 제가 본 블로거는 10대들 많았어요. 애초부터 쇼핑몰에 관심 있어서 블로그 활동부터 시작하고, 만약에 옷 같은 걸로 이벤트를 하거나 무료 나눔 이런 걸 하면 사람들이

'와 공짜로 주네' 하고 댓글 달고, 그러다가 그 사람이 쇼핑
몰 차린다 하면 관심 가지고 들어가 보게 되니까.(연경)

다정은 '더 많은 사람이 봐줬으면 좋겠다는 생각'으로 화장
품과 화장법에 대한 정보를 업로드하기 시작했다. 뿐만 아니
라 지금은 일반적인 소셜 마케팅 방법 중 하나가 되었지만,
광고로 의뢰받은 상품을 이벤트 선물로 걸고 참여를 독려하
면서 더 많은 팔로워를 만들었다. 다정은 또래 집단의 일원
으로, 또래에서 관심을 가질 만한 것으로 '여자들이 좋아할
만한 것'을 콘텐츠 삼았다. 이미지나 동영상을 쉽게 공유할
수 있는 환경은 화장을 직접 해서 보여주는 것, 특정한 화장
품 사용의 즉각적인 효과를 보여주는 것이 용이했다. 이 과
정을 거치며 다정은 '하우투'를 알려주는 것이 더 많은 10대
여성의 관심과 반응을 불러일으킬 수 있는 것임을 파악하게
되었다.

　이렇게 다정과 나현은 자기 전시와 평판 유지라는 일상
화된 방식의 노동을 지속한다. 10대 여성이 소녀성 산업에서
수행하는 노동은 소셜 미디어 플랫폼에 기반해 있으며, 그 리
터러시를 최대한으로 활용하는 일이다. 그것은 일상을 지속
적으로 업데이트하고 또래 네트워크의 반응을 모니터링하고
또 소통하는 것으로 이루어진다.

　이 같은 노동은 단지 콘텐츠 업로드에 국한되어 있지 않

다. 콘텐츠는 이들의 사생활을 기록해 공유하는 형태를 띤다. 당연히 콘텐츠 생산에 많은 시간이 투여될 뿐 아니라 팔로워들에게서 반응을 이끌어낼 수 있을 정도로 특별한 일상의 기획이 필요하다. 10대 여성의 삶은 소녀성 산업의 노동자로서 지속적으로 전시될 것을 요청받는다. 이에 따라 일상에서 예쁘고 매력적인 10대 여성으로 보여야 하는 일은 점차 노동이 되어간다.

> [의류 쇼핑몰 피팅 모델은] 한 3개월 정도 했는데, 이게 약간 부담이 됐어요. 제가 사진 찍는 걸 별로 안 좋아해서. 한 달에 열 개 올려야 된다는 그런 부담감 때문에. 하기 싫다 해서 중간에 쉬었거든요. 스트레스 받고. 사진을 찍어서 잘 나오는 걸 올려야 되는데. 사진발 좀 안 받거든요. 포토샵 하는 데 한 시간 두 시간 정도 걸릴 때도 있고. 제 일상도 올려야 되는데. 그럼 한 일주일에 서너 콘텐츠를 올려야 되니까 그게 약간 스트레스 받아서. 포토샵 하고 있는데 또 안 올렸다고 뭐라고 하고. 그럼 너무 짜증나고. (안 올린다고 뭐라 하는 사람은 ○○스킨 대표야?) 네. 그래도 친해서 다행이긴 한데. 근데 그렇게 해주는 게 낫죠. 안 그럼 제가 말을 안 들으니까.(나현)

딱 올리고 싶을 때가 있어요. 그럼 이제 한창 친구 신청 오고 팔로워가 약간 막 늘 때 즈음엔 좀 계속 지속적으로 좀 해줘야 보던 사람들이 계속 봐주고 하는데. 저 지금처럼 안 하고 있으면, 좀. 아 저도 하긴 해야 하는데. 지금 유명한 사람들도 그런 거 유지하려고 계속 올리는 걸 거예요, 아마.(은진)

광고 의뢰를 받게 된 후로 페북 스타인 나현과 은진의 타임라인은 개인 일상과 광고가 공존하게 되면서 이들의 일상은 기획과 관리의 대상이 되었다. 또래 네트워크 정도만 고려하면 됐던 일상의 공유는 이제 광고주들과 팔로워들을 고려해야 하는 일이 된 것이다. 이제 이들에게 소셜 미디어 하기는 점차 노동으로 인지되기 시작한다.

　나현과 은진은 팔로워 수를 유지하려고 의무적으로 주기적인 일상 공유를 해야 했다. 특히 나현의 경우는 팔로워가 일상 포스팅을 요청할 정도로 관심을 받고 있다. 그런데 정기적이고 지속적으로 꽤 괜찮은, 사람들이 좋아할 만한 사진과 소식을 업로드한다는 것은 보통 일이 아니다.

　저는 그거 쓰는 데 한 한 시간 정도 걸리거든요, 쓰는 데만. 준비하는 데는 제가 그 하루를 계속 사진 찍어야 되고, 먹기 전에 사진 찍어야 되고, 집에 와서 별것도 아닌 거 사진 찍어서 억지로 일상 막 짜내고 하니까. 주말엔 집에만 있고 싶은데 또 옷 찍으러 밖에 나가야 되고. 예쁘게 찍어야 되니까. 예쁜 사진 올리는 게 광고주 분들도 좋아하는데. 팔로워도 좋아하고. 그래서 최대한 정성스럽게 올려야겠다 해서. 딱 보기 좋은 몸무게가 있고, 이게 사진에서는 연예인들처럼 더 말라야 되고. 관리를 좀 해야 되는 몸인데. 볼살 때문에 사진도 잘 안 나오고. (그런 스트레스 받아?) 허어, 저 스트레스 받아서 울 뻔 한 적도 있어요. 사진 찍어도 안 나올 때. 한번 스트레스 받으면 계속 안 나오거든요. 필 받은 날은 계속 찍어도 잘 나오고 필 안 받은 날엔 그 하루를 계속 찍어도 안 나와요.(나현)

동영상 너무 힘든 거예요. 처음엔 편집을 회사에서 해줬어요. 그냥 찍는 것도 예뻐 보여야 되니까. 그때 카메라 회사에서 사줘가지고 조그마한 거. 그걸로 동영상 찍었는데. 근데 뭐 동영상 편집은 해주니까 그런데. 찍는 것도 짜증나요. 막 NG 나고 말도 꼬이면 바로 꺼야 되고, 또 해야 되고, 또 해야 되고, 또 해야 되고. (시간 얼마나 들어요?) 하나 찍으면요? 한 30분에서 한 시간? 카메라로 하면. 편집하는 건 진짜 오래 걸려요. 제가 좀 못해서 그런가. 진짜 오래 걸려요. 컴퓨터로 하면 서너 시간? 길면 더 길어지니까.(다정)

나현의 경우 페북 스타로서 자신의 입지를 유지하기 위한 일상 콘텐츠, 그리고 자신과 계약을 맺고 광고를 하고 있는 업체의 상품 소식 등을 일주일에 약 네 건 정도 업로드한다. 따라서 일주일에 적어도 네 장 이상의 아주 잘 나온 사진을 찍어 올려야 하는데, 이는 나현에게는 가장 큰 스트레스다. 일상 콘텐츠를 만들어 업로드하는 것은 생각보다 더 많은 시간과 노력이 필요하다. 예쁘게 나올 때까지 사진을 찍어야 하는 것은 물론 업로드 전에 한두 시간의 보정을 또 거쳐야 하기 때문이다.

이 과정을 반복적으로, 부지런히 수행해야만 지속적인 업데이트가 가능해진다. 이 일상 포스팅은 외견상 간단한 이미지 한 장과 텍스트 두어 줄이 전부인 것처럼 보인다. 하지만 이 한 장을 남기기 위해 밥 먹고 친구를 만나고 차를 마시고 쇼핑하는 며칠간의 모든 일상을 사진으로 남겨둬야 한다. 심지어 사진으로 남길 만한 일상을 살아야 한다. 주말에 집에서 편한 옷을 입고 쉬는 대신 예쁘게 차려입고 사진을 예쁘게 찍을 수 있는 장소를 찾아다녀야 한다. 일상 포스팅은 그 노동의 결과물이라 하겠다.

이 일상 사진처럼 보이는 광고를 통해 드러나는 인물의 특징은, 요약하자면 그 상품을 사용하는 매력적이고 감각 있는, 날씬하고 예쁜 10대 여성, 또래들이 선망하는 10대 여성이다. 페북 스타는 자신을 그러한 여성으로 재현해 내야 한다. 이를 위해 나현과 다정은 '사진발'을 향한 노력과 반복된 촬영이라는 노동을 감수한다.

다정은 최근에는 주로 동영상 광고를 하고 있다. 사진은 보정이 가능하지만 동영상은 아직 보정 기술이 충분치 않아서 예쁜 모습으로 만드는 게 어렵다. 그래서 최근에 회사에서 좀 더 예쁘게 나올 수 있게 조작이 가능한 카메라를 공수받았다. 이 카메라로 다정은 동영상을 하루에도 수십 번씩 촬영하고 가장 좋은 컷을 만들고자 거의 대부분의 시간을 동영상 편집에 쏟는다.

나현은 '계속 찍어도 사진이 잘 안 나와서' '울 뻔한 적'도 있을 정도로 사진을 만들어내는 것에 굉장한 스트레스를 느낀다. 잘 나온 이미지는 페북 스타로서의 평판을 유지하고 또 효과적인 광고 매체에 가장 중요한 요소이기 때문이다. 따라서 나현에게 무언가를 먹고 누군가를 만나는 일상을 내내 사진으로 남기고 몸매를 관리해야 하는 이유는 모두 '사진발'로 수렴된다. 그녀의 일상에는 언제나 '일'이 전제되어 있다. 그 일을 위해 나현은 늘 잘 차려입고, 풀메이크업을 하고, 동화에나 나올 법한 카페나 여행지에 다녀오며, 로맨스 판타지를 충족시키는 방식으로 남자친구와 데이트를 한다. 즉 나현은 단지 제품을 광고하는 것이 아니라 노동력이자 상품인 10대 여성으로서의 자신의 일상과 감각을 판매한다.

10대 여성은 일상과 감각을 쥐어 짜내야 하는 디지털 노동의 특수성 때문에 항시적인 노동 상태에 놓인다. 항시적 노동 상태와 '예쁜 어린 여성'이라는 특징에 기반해 있는 10대 여성의 디지털 노동은 가사노동, 감정노동 등의 개념이 밝히고 있는 여성화된 노동과 유사한 성격을 띤다.[2] 소녀성 산업에서 10대 여성들의 디지털 노동은 패션 뷰티 영역을 중심으로 상시적으로 매력적인 여성다움, 상품화할 수 있는 방식의 여성성을 전시하는 등 성적 대상자로서의 성별화된 특수성에 기반해 있다. 10대 여성은 이 '소녀성'을 수행하는 데 많은 시간을 쏟고 있을 뿐만 아니라 일상 전부가 이 같은 업로드용 콘텐츠를 만드는 데 동원된다. 이러한 노동은 외견상 '놀이'처럼 보이지만 실은 소녀성 산업을 지탱하는 생산 활동이다.

소셜 마케팅 업체들은 소셜 미디어가 광고 툴이라는 점이 적나라하게 드러나지 않기를 바란다. 그것이 바로 잘 짜인 광고 후기를 입소문으로 만들고, 입소문과 노골적인 광고와의 경계를 모호하게 만들어 신뢰를 형성하는 소셜 마케팅의

---

2 디지털 노동, 비물질 노동 등에 관한 논의들은 실상 이 같은 페미니스트 이론에 빚지고 있는 바가 크다. 페미니스트들은 장보기, 요리, 빨래, 청소 등 전업주부의 가사노동이 재생산에 필수적인 노동임을 드러낸 바 있다. 또한 가사노동이 수반하는 기술적 숙련성을 포함, 24시간 대기노동이며 가족 구성원을 보살피고 이들의 감정에 맞추어야 하는 점 등을 통해 이것이 까다로운 노동임을 드러내고 오랫동안 '노동'으로 여겨지지 않았다는 사실을 통해 기존 노동 개념의 남성중심성을 드러낸 바 있다.

전략이기 때문이다. 그래서 페북 스타는 자신의 일상에 늘 광고 상품을 연계해야 할 필요성을 염두에 두고 상품의 필요성을 자연스럽게 부각할 수 있는 일상이 필요하다. 그리고 점차 나현이나 다정, 그리고 그들의 팔로워의 일상에는 의류 쇼핑몰, 화장품 등 외모 관리 기술에 관한 패션 뷰티 상품으로 가득해진다.

7장 소녀성의 리터러시:
그냥 예쁘기만 해서는 안 돼요!

10대 여성은 또래 남성이나 다른 세대 여성보다 훨씬 많은 트래픽을 몰고 다닌다. 이들의 실시간 집단 소통 문화는 거의 중독적인 것처럼 보일 정도인데,[1] 이는 또래 사이의 평판 문화에서 비롯된 것이다. 이러한 소통 문화는 소녀성 산업의 핵심 요소이기도 하다. 소녀성 산업은 10대 여성 이용자들의 네트워크에서 '좋아요'와 '공유'의 대상이 되는 요소를 수집하고 발탁하고 부각하는 과정을 활용해 상품을 보다 더 빨리, 더 널리 유통시키고자 한다.

---

1   "특히 여학생들이 남학생들보다 훨씬 스마트폰 중독 위험에 노출된 것으로 나타났다. 잠재적 위험군과 고위험군을 합친 비율은 남학생의 경우 28.6%인 반면, 여학생은 42.6%에 달했다. 여학생들은 남학생들에 비해 채팅, 소셜 네트워크 서비스 애플리케이션을 더 많이 이용하고 있었다." 청소년정책연구원, 「여학생 42.6% 스마트폰 중독 위험군」, 『여성신문』 2013년 6월 17일자. 본서의 주요 연구 참여자들이 소셜 미디어에 할애하는 시간에 대해서는 「프롤로그」의 〈표 1〉을 참고하라.

평판은 소셜 미디어에서 '좋아요'와 댓글, '공유' 수로 뚜렷하게 측정되는 만큼, 필연적으로 위계적이다.[2] 소셜 미디어의 평판 장치는 사람들의 주목을 얼마나 끌었나를 보여주고 유명세에 따라 줄이 세워진다. '소녀성'은 소셜 미디어에서 지속적이고 실시간적으로 나타나는 이러한 반응 속에서 만들어지고 확인된다. 이것이 10대 여성 사이 위계를 만들고 가시화한다. 그리고 이 위계는 '재현된 외모'를 중심으로 형성된다.

> 그러니까 이런 거예요. 그냥 사진을 올렸는데, 인스타그램 같은 거에 사진을 올렸는데, 댓글에 '아, 이 사진 좀 써도 되냐?'라고 하면, 된다고 해요. 대신 도용만 하지 말라고 해요. 그래서 인스타그램에서 어떤 사람에게 물어봐서 사진을 가져왔어요. 근데 그 사람이 페이지를 운영해요. 얼짱 뭐 이런 거. 거기에 올리면 사람들이 댓글에다가 막 난리가 나잖아요. '누구냐, 누구냐.' 댓글 막. 그런 거 때문에

---

2   소셜 미디어에서의 '댓글'과 '좋아요'는 그 자체로 10대 여성들에게 호불호의 감각을 만드는 데 실제적인 가이드라인이 된다. 전반적으로 어떤 여성이 인기가 많은지에 대한 내용뿐 아니라, '예쁜 것'에 대한 감각도 알려준다. "내가 봤을 때 이 사진 안 예쁜데 내가 지금까지 받은 '좋아요' 갯수랑 확연히 차이가 나는 거예요. 그러면 '아, 애들은 사진을 이렇게 보는구나. 요즘은 이게 예쁜 건가 보다' 이러면서. 나는 이 사진이 예쁘고 얘는 다른 게 이쁠 수도 있는데, 세 명이 이 사진이 예쁘고 나만 혼자 이 사진이 예쁘다 그러면, '아, 저 사진이 예쁜 거구나' 그렇게 돼요.(수영)

이제 한 명씩 신상이 드러나는 거예요. '얘, 어디 학교 누구
다', '얘, 페북 여기다' 막 캡처해서 올려주고 그러면, '나 얘
안다', '나 얘 친구 돼 있다' 이러면, 이제 그 사람한테 팔로
워 친구 다 가는 거예요. 그럼 그러다가 유명해지고. 이제
자기가 막 친구도 많고 사람들도 많이 생기니까 사진 더
많이 올리고, 관리하고.(경현)

경현은 10대 여성 이용자가 어떻게 또래 네트워크에서 '페북
스타' 혹은 유명세를 활용한 소녀성 산업의 생산자가 되는지
에 관해 말하고 있다. 어떤 사람들이 '소녀성'을 생산하고 또
어떻게 유통하는지를 잘 드러내주고 있는 경현의 말에서 소
녀성은 외모를 중심으로 형성되는 또래 네트워크, 즉 평판 체
계로 작동한다는 사실을 확인할 수 있다. 애초에 상업적 의
도가 있든 없든 간에 어떤 인물이 파급력 있는 이용자들한테
서 혹은 또래 네트워크의 놀이 문화 안에서 일종의 콘텐츠로
발탁되면, 또래 네트워크의 승인을 거쳐 또래 내 정보 유통망
의 거점 혹은 대변자로서 소녀성 산업에 진입하게 될 가능성
이 높아진다.

(고등학교 친구들은 주로 어떤 거에 '좋아요'를 눌러요?)
다 예쁜 여자? 제가 여고 나와서 그런지 다 예쁜 여자. '얘
예쁘냐 안 예쁘냐?' 하면서 단톡방에 '얘 예쁘다. 팔로우해

라.' 무조건 예쁜 여자. 잘 생긴 남자는 관심이 없고요, 무

조건 예쁜 여자. 그것도 대리만족? 따라서 화장도 하고.(나

현)

'페북 스타' 나현의 말에서 확인할 수 있듯이, 또래 네트워크

동원에 가장 큰 영향력을 행사하는 요소는 단연 '외모'다. 소

녀성 산업은 패션 뷰티 상품에 대한 욕망과 필요를 끊임없이

생산하고자 한다. 관심과 반응을 중심으로 작동하는 소셜 미

디어에 소녀성 산업의 조직적인 개입이 더해져 10대 여성은

멋진 외모, 멋진 스타일을 선망의 대상으로 경험한다. 이처럼

10대 여성이 참여하는 소셜 미디어에서 유독 외모를 중심으

로 강력한 평판 문화가 구축되는 것은 소녀성 산업의 물질적

소비문화와 관계되어 있기 때문이다.

　　모든 10대 여성은 소셜 미디어 하기를 통해 '이용자'에서

소녀성 산업의 생산자이자 소비자가 된다. 하지만 또래 네트

워크에 대한 영향력의 정도에 따라 이들은 팔로워와 페북 스

타로 나뉜다. 특히 '페북 스타'급 정도로 유명해진 여성 인물

의 등장은 외모와 이에 기반한 평판을 중심으로 10대 여성

간의 위계를 가시화한다.

　　이들의 평판 문화에서 흥미로운 점은, 이때의 위계가 단

순히 타고난 외모의 차이만은 아니란 것이다. 오히려 위계는

더 매력적인 방식으로 사진을 찍거나 보정할 수 있는 능력,

최신 트랜드의 화장과 옷 입기에서 생기는 차이다. 소녀성 산업의 풍경에서 목격되는 10대 여성 간의 위계는 바로 이러한 차이로 만들어진다.

> 솔직히 여자는 예뻐야 될 거 같아요, 아직은. 페북에서도 그렇고. 못생기면 욕해요, 페북에서. 모르는 사람인데. 대박이죠. 만약에 누가 사진을 올렸어요. 제보를 해서 페이지 관리자가 올리면 댓글에 엄청 많이 달리잖아요. 몇천 개, 몇만 개. 거기다 못생겼다고 글 올리고 그런 애들 있어요, 개념 없는 애들.(슬기)

특성화고에 다니면서 패션 디자이너를 꿈꾸는 슬기의 이야기처럼, 소녀성 산업은 주로 외모가 뛰어난 인물을 부각시켜 주목하게 하는데, 여기에서 못생긴 여성에 대한 적대적인 분위기가 조성되기도 한다. 여자가 못생긴 것은 눈에 띄게 예쁜 여성만큼이나 콘텐츠가 될 정도로 특수한 상황이며, 심지어는 악플을 달 정도로 불쾌한 일이다. 못생긴 것은 낙인이 되는데, 그것은 타고난 얼굴이나 몸매에 관한 낙인이 아니라 보정이나 화장, 스타일링과 같은 '소녀성'에 부합하고자 하는 노력의 부재에 기인한다. 즉 '못생김'의 낙인은 아무 노력 없이 '쌩얼'을 업로드할 때 얻게 되는 것이다. 10대 여성 이용자 사이에서 외모는 '노력'의 언어로 이해되며 '소녀성'에 대한 윤리를 지시한다.

물론 그렇다고 해서 10대 여성들이 외모만을 인생의 가장 가치 있는 것이자 친구를 사귀는 일차적 요소로 여기는 것은 아니다. 연구에 참여한 10대 여성 대부분은 외모에 지대한 관심을 가지고 있고 또한 커리어의 성공만큼이나 외모를 중요한 것으로 여기고 있었다. 동시에 외모에 과도한 가치를 부여하는 현실의 소비문화에 대해서는 비판적 시각도 견지하고 있었다. 외모주의 문화는 싫지만 현실을 바꿀 수 없으니 자신들도 '어쩔 수 없이' 외모를 가꿔야 하고 외모로 사람들을 평가하게 된다는 것이다.

슬기의 이야기는 또래 여성들이 외모주의에 수반된 모순적 입장을 대변하고 있다. 슬기는 면접 내내 자신보다 예쁜 여성에 대한 부러움과 '예쁨'의 필요성을 역설했다. 동시에 소셜 미디어에서 '못생겼다'고 직접적으로 비난하는 이용자들을 '개념 없는 애들'이라고 평가한다.

이 모순적 입장은, 사람을 평가할 때 외모로 평가해서는 안 된다는 윤리적 가치를 가지고 있음에도 외모가 여성을 평가하는 중요한 잣대로 작동한다는, 어쩌면 정확한 현실 인식 때문에 생기는 것으로 보인다. 이에 따라 10대 여성은 스스로에게는 가혹한 잣대를 들이밀지만 타인에 대한 평판에서는 '못생김'을 언급하기보다 예쁜 외모에 더 주목한다. 타인의 외모에 비판적 반응을 하는 경우라도 타고난 얼굴이나 몸매를

논평하기보다는 화장, 다이어트, 성형, 셀카 보정 등의 '노력'
과 관련된 언어로 언급한다.

약간 저는 사진에 얼굴 모양에서 울퉁불퉁한 거 다 지우
고 턱 좀 지워버리고. 얼굴형이 예뻐 보여야 다른 것도 예
뻐 보이니까. 계속 하다 보니까 이렇게 했을 때 예쁘구나,
그냥 하다가 경험을 통해서. 톤 보정 이런 거는. 그냥 뭐 카
메라를 찍었을 때. 필터 카메라 사용해서 찍고. 일단 화장
도 좀 하고.(영현)

평타[3]라는 게 자기를 꾸미는 거지 진짜 원판 말고요. 진짜
못생겨도 자기에게 맞게 꾸미고 다니면 예쁘게 보이죠. 자
기관리를 해야죠. 그래야 예쁘죠. 살을 빼려고 노력을…
안 빠지는 애들은 어쩔 수 없지만. 살을 빼려고 노력하는
거랑 머리 안 감고 그런 애들 많은데, 깨끗하게 하고 화장
도 좀 하고, 밖에서는.(다영)

예쁘지 않다면 옷이라도 잘 입든지, 느낌 있게. 예뻐도 뚱
뚱하면 소용없다고. 애들 다 깡마르고 못생기고 옷 잘 입
는 게 훨씬 낫다고들 그래요.(선하)

---

3   평균적인 수준을 유지한다는 의미의 인터넷 용어.

못생긴 거보다 예쁜 게 좋아요. 그 예쁘다는 게 얼굴이 예쁘다 그런 게 아니라 사진, 사진을 예쁘게 찍는 애들이 있어요. 옷도 예쁘게 입고.(슬기)

10대 여성은 또래 네트워크에서 주목의 대상이 되는 외모를 '보정과 조명을 활용한 사진'과 '화장', '옷'과 같은 기술적 장치가 매개된 것으로 설명한다. '소녀성'은 구체적인 핸드폰의 기종, 카메라 애플리케이션, 끊임없이 쏟아져 나오는 소비 상품들과 결합하는 방식으로 그때그때 유행하는 화장이나 옷 등에 따라 달라질 수 있다. 따라서 '소녀성'은 늘 상품과 결합되어 있고, 트렌드를 예비하는 것이어서 필연적으로 소비적이다. 10대 여성에게 예쁘다는 것의 의미는 타고난 외모 그 자체에 있는 것이 아니라 그때그때 유행하는 애플리케이션과 소비 상품 등을 적절히 배치해 '사진을 예쁘게 찍고', '옷을 예쁘게 입는' 것, 화장과 다이어트에 있다.

소녀성 산업에서 10대 여성이 외모를 위해 벌이는 소비 행위는 노력으로 여겨진다. 상품 소비를 통한 자기계발, 셀카로 드러나는 디지털화된 심미안, 이를 충족시키기 위한 부단한 노력과 그로부터 얻은 감각은 '예쁘다', 더 정확히는 '얼짱 같다'는 찬사로 표현된다.

전 그냥 생각 없이 올린 건데 또 반응이 좋을 때가 있어요. 그러면 사람들이, 자기들끼리 태그를 하면서 '야, 이거 보라고. 예쁘다고.' 서로 막 태그를 하다가. 갑자기 '좋아요' 가 2천이 넘는 거예요, 한 사진에. 그래서 저도 당황해가지고 '아, 이게 뭐라.' (유명해지는 애들 특징은?) 일단 좀 예쁘고. 보이는 게 일단 사진이니까. 보이는 거는 외모죠. 유명해지는 것도 외모고. 그래서 화장하고 그런 거 중요하잖아요. 싫기도 하면서 어쩔 수 없으니까. 안 좋은 거긴 한데 어쩔 수 없으니까, 페북에서 보이는 게. 저랑 친한 사람을 제외하고는 저를 볼 수 있는 게 사진밖에 없잖아요.(은진)

페북 스타들 다 제 또래에요. 아무리 많아 봐도 스물둘? 근데 그 이상으로는 유명한 사람들이 없어요. (제일 어린 사람은?) 고1인가? (근데 왜 젤 나이 많아봤자 스물둘이지?) 그 이상은 셀카를 못 찍는 거 같아요. 무조건 얼굴 예쁜 애들은 아니고요, 얼짱같이 생긴 애들? 약간 어리게 생긴? 막 20대 정말 예쁜 사람들한테 얼짱 이러진 않잖아요. 여신, 이러기는 하겠지만. 인스타그램에선 여신이 먹히는데 페북에서 여신이 안 먹히고 얼짱, 약간 어리고 사진 잘 찍는 애들? [사진] 화질 좋은 애들? 실물이랑 정말 상관없어요. [저는] 이거 좀 잘해요, 포토샵. 중학교 1학년 때부터 독학하다 보니까 이제 보정 같은 것도 붙여서 하게 되고. 친구들도 저한테 얼굴 좀 많이 해달라고 맡기는 편

이고.(나현)

나현은 소셜 미디어에서 유명세를 얻기 위해 필요한 요소로 '실물은 별로 안 중요하고 무조건 누가 더 포토샵 잘하느냐' 하는 것이라고 말한다. 그래서 '약간 어리고 사진 잘 찍는 애들, 사진 화질 좋은 애들'이 페이스북에서 유명해질 수 있다. 페북 스타 대다수가 10대인 이유 역시 이 때문인데, '20대들은 셀카를 못 찍'기 때문이라는 것이다. 나현이 애초에 페북 스타, 단발 여신으로 인기를 얻게 된 이유도 바로 '포토샵을 잘해 셀카를 잘 만들어낼 수 있었기 때문'이었다.

  나현의 경우처럼 10대 여성은 소셜 미디어에 올리는 프로필 사진을 만들고자 사진 찍기와 보정하기를 반복적으로 해오면서 자연스럽게 포토샵 기술을 터득했다. 또한 보정 이후의 어떤 얼굴이 예쁜 얼굴인지, 구체적으로 어떤 요소가 예쁜 얼굴을 구성하는지에 관한 감각을 만들어왔다. 이들에게 프로필 사진은 '생얼'과는 다른 것이 당연하다. 이미지 보정이 익숙한 10대 여성들에게 자신들의 소셜 미디어적 문맥에 맞게 보정한 얼굴은 당연히 실제 얼굴과 다르며, 보정한 이후에 더 예쁜 얼굴로 스스로를 재현하는 것에 대한 부정적인 시선이 거의 존재하지 않는다. 오히려 그러한 이미지를 잘 만드는, 그러니까 '사진을 잘 찍는', '사진을 예쁘게 찍는' 경우에는 또래 사이에서 부러움의 대상이 되고 페북 스타가 되기도 한다.

좀 거칠게 말해서 소셜 미디어에서 예쁘다고 여겨지는 얼굴은 다 보정을 거친 얼굴이다. 페북 스타들이 '페북 스타'가 될 수 있었던 것은 '실물과는 전혀 상관없이' 스스로를 돋보이게 할 수 있는 보정 능력을 통해 소셜 미디어상에서는 얼마든지 또래가 선호하는 얼굴을 할 수 있기 때문이다.[4] 소셜 미디어 문화는 대면 문화가 아니다. 대부분 서로를 스크린을 통해 본다. 그렇기 때문에 보정을 거친 디지털화된 얼굴은 현실의 눈으로 보는 '실제' 얼굴보다 더 익숙하다. '소녀성'의 외모는 이러한 특수성에 기반해 있다.

즉 10대 여성 이용자 사이에서 통용되는 '소녀성'은 일반적으로 말하는 '아름다움'이나 '예쁨'을 의미하는 것이 아니다. 모바일 세대로서 '스물둘' 정도까지의 어린 세대 여성 이

---

4 필자가 다정과 나현, 경희, 은진과 같이 소셜 미디어에서 얼굴이 알려진 10대 여성과의 인터뷰에서 만나자마자 이들이 공통적으로 꺼내는 이야기가 있는데, 그것은 "사진이랑 많이 다르죠?"라는 말이다. 이와 같은 걱정을 할 정도로 나현과 다정이 스스로 느끼는 소셜 미디어에서의 얼굴과 실물의 간극은 크다. 대구가 고향인 나현은 서울에 와 있는 기간 동안 필자와 인터뷰하는 장소를 신촌으로 하고 싶어 했지만, 결국 사람들이 많이 다니지 않는 한적한 다른 곳에서 만나자고 했다. 나현은 사람이 많이 다니는 곳을 별로 좋아하지 않는다고 했는데, 그 이유는 실물을 알아보지 못해서 자신이 실망하거나 실물과 사진이 다르다는 소문이 퍼질 것을 우려해서다. 다정 역시 소셜 미디어 계정에 있는 자신의 사진만으로 소통해 온 사람들을 오프라인에서 만나는 게 두렵다고 했다. 소셜 미디어의 사진과 다른 실제의 자신을 '싫어할 수도 있다는 생각이' 들어서 '부담감이 생겨서 만나기가 싫다'는 것이다.

용자의 디지털 리터러시, 소비문화와 결합된 외모임을 말해준다. 소녀성 산업의 대표 주자인 '페북 스타' 은진과 나현의 외모가 선망을 받는 이유는, 굳이 이름 붙이자면 디지털적인 심미안에 기반한다. 10대 여성의 네트워크에서 실물보다 디지털 이미지가 더 중요해지면서 감각적인 방식으로 디지털화 기술이 매개된 얼굴이기 때문이다. 10대 여성 이용자들을 주목하게 하는 '얼짱같이 생겼다'는 평가는 '소녀성'의 얼굴에 대해 잘 알려준다. '얼짱'의 얼굴은 디지털적인 보정을 한, 혹은 소셜 미디어에 업로드할 이미지라는 점을 고려해 화장을 한, 분명히 디지털화를 염두에 둔 얼굴이다.

8장 미성년과 성년 그 사이에서:
디지털 노동과 '소녀' 주체

'소녀성'의 세 차원

상업적 의도가 있든 없든 간에 10대 여성이 벌이는 소셜 미디어 하기는 결과적으로 소녀성 산업을 위한 디지털 노동으로 귀결된다. 디지털 노동은 '소녀성'이 정보로 유통되고 실천되는 과정 그 자체다. 그런데 소녀성 산업에서 '소녀성'을 만들고, 승인하고, 퍼뜨리는 역할을 수행하면서 생산자로 참여하는 10대 여성들은 크게 세 차원의 '소녀성'을 구성한다.[1] 첫 번째는 소녀성 산업의 콘텐츠 생산자이자 유통자로서 디지털 노동을 직접 수행한다는 점, 두 번째는 10대 여성이라는 또래

---

[1]   여기에서 다소 도식적인 방식으로 묘사되었지만, 10대 여성의 '소녀성' 구성에서 나타나는 세 차원은 단계적인 것이라기보다 순환적 관계에 있다.

범주에서 네트워크화된 주체[2]의 문화적 열망을 나타내는 점, 마지막으로 이를 통해 '소녀성'의 실천이 추동된다는 점이다. 이 세 가지는 서로 연쇄적 관계에 있으며, 10대 여성이 '소녀성'의 적극적인 구성 주체가 되도록 한다.

소셜 미디어가 점차 10대 여성에게 중요한 공적 장소이자 일상의 도구가 되면서 그들의 인터넷 활동은 공유와 전시를 중심으로 하는 소셜 미디어의 참여 형식에 맞도록 재단된다. 10대 여성은 자신에 관한 정보나 적어도 자신이 접근 가능한 정보를 공유하면서 소셜 미디어의 이용자로 참여한다. 무엇보다 자신의 '상태(status)', 예컨대 얼굴, 인맥(관계), 일상, 취미, 생각, 느낌, 경험 등을 일종의 '정보'로서 업데이트하고 전시해야 할 필요가 있다.[3] 10대 여성들은 소셜 미디어 타

---

2 Cote Mark and Pybus Jennifer, "Learing to Immaterial Labour 2.0: MySpace and Social NetworksCote and Pybus", *Ephemera: Theory and Politics in Organization* 7(1) (Feb. 2007): 88-106.

3 SNS가 등장한 이후, 개인의 신상에 관한 내용을 인터넷상에 공개하는 것은 사생활 침해 우려가 있는 위험한 행동이라고 인식되기보다는 자신을 알리고, 타인과의 관계를 형성하기 위한 적극적인 노력으로 여겨진다. '익명성'이 강점으로 여겨졌던 과거의 인터넷 공간은 특정 이슈에 대한 개인의 생각이나 상품에 대한 정보뿐 아니라 자신이 입는 옷, 화장법, 음식과 레스토랑, 연애, 각종 고민 등 매우 '사적'이라고 여겨지는 감정과 정보가 공개, 공유되는, 이전과는 전혀 다른 공간으로 탈바꿈했다. 웹2.0 시대에 SNS에서의 개인 정보 공개는 프라이버시를 잃는 게 아니라 대중성과 공공성을 얻는 행위가 되었다. Alice Marwick, *Status Update* (New Haven, Conn.: Yale University Press, 2013).

임라인에 괜찮은 자신을 보여주고자 다양한 노력을 기울이는데, 이것이 '소녀성'의 저변을 형성한다. 예컨대 소녀성 산업은 10대 여성의 주목과 구미를 당기고 또래 네트워크에서 '좋아요'를 이끌어내며 빠르게 유통될 수 있는 내용을 활용한다. 주로 활용되는 것은 10대 여성 사이에서 유행하거나 인기가 있는, 혹은 이 같은 경향성에 기반해 10대 여성이 좋아할 만하다고 여겨지는 인물이나 장소, 뉴스, 각종 상품 등이다. 이런 점에서 소셜 미디어의 소녀성 산업은 10대 여성이 또래 여성성을 생산하고 유통하고 발굴하고 활용하는 장이라고 할 수 있다.

10대 여성이 '소녀성'을 구성하는 두 번째 차원은 네트워크화된 10대 여성들의 집단적이고 집합적인 정보와 감정을 공유하면서 이루어진다. 그들은 디지털 네트워크로 각종 정보뿐 아니라 '10대 여성'이라는 보다 포괄적인 범주와 연결되어 있다. 이들이 사용하는 주 매체가 블로그가 아닌 페이스북이라는 점은 성인 여성에 비해 네트워킹 면에서 훨씬 더 가시적이고 견고한 측면을 보여준다. 또래 네트워크 안에서 공유되는 또래 문화와 또래 정서, 그리고 그 속에서 만들어지는 순간순간의 감정들이 '소녀성'을 구성하고 그 영역을 지속적으로 확장한다.

소셜 미디어는 정보 및 인맥의 개방과 공유를 기치로 하고 있지만, 아주 예외적인 노력 없이는 자신이 속한 인맥을 뛰어넘어 소셜 미디어 내에서 일상적으로 타임라인을 공유하는 커뮤니티를 갖기는 쉽지 않다. 더구나 공통의 관심사나 이슈가 상시적으로 공유되면서 친밀함을 표현하고 관계가 유지되는 소셜 미디어 시스템 안에서 인맥을 가꾸고 유지하려면 공유하는 정보, 즉 공통의 정보 풀(pool)이 필요하다. 10대 여성들은 소셜 미디어가 자신들을 위한 맞춤 정보를 제공하며, 동시에 자신의 관심사와 동시대성을 공유하는 또래들의 공간이라고 생각한다. 그래서 이 공간을 더욱 신뢰하고 자신이 소속되어야 하는 공간으로 여긴다.

또래 네트워크에 참여하면서 경험한 친밀성이나 강한 정동적 경험은 10대 여성이 또래 네트워크에서 지배적으로 공유하는 '예쁜' 얼굴, 신상 화장품, 다이어트 방법, 봄철 패션 등의 유행 흐름을 만들어낸다. 그리고 이 같은 상품 혹은 외모 감각은 또래 네트워크로 연결된 '10대 여성'의 범주적 속성의 하나로 자리매김된다. '네트워크화되어 있음'에서 생성되는 이 정동은, 정동의 생산이 목적하는, 또래 네트워크에서 공유되는 다양한 정보와 소비상품의 실천으로 이어지는데, 이것이 10대 여성의 '소녀성'을 구성하는 세 번째 차원이다.

옷이나 그런 거는 야하게. 좀 그런 화끈하고 자극적이니까 사람들이 다 좋아하니까. 페북에 맞춰서. 립스틱이나 틴트 같은 거 바르잖아요. 입술, 그게 제일 많이 보이잖아요. 완전 예쁜 게 있다 그러면 또 애들한테 소문이 또 퍼져서 이렇게 또 되고. 할인하는 거, 원 플러스 원 하는 것도 공유가 되니까, 친구, 뭐 틴트 없다는 애 있으면 걔랑 같이 돈 모아서 원 플러스 원 사게도 할 수 있고. 그리고 또 애들이 우와~ 할 만한 곳? 인테리어도 좀 더 예쁘고 음식도 더 맛있게 나오는 데로, 좀 특이한 음식 같은 거 나오는 데? 애들이 물어보면 또 기분이 좋아요. '너 거기 어디야. 맛있어?' 이렇게. 정보 알려주는 게 좀. 먼저 알려주는 게, 제가 먼저 해나가는 거, 개척해 나가는 게 뭔가 앞장서 가는 느낌? 그런 느낌이 좋은 거 같아요. 인정받는 거니까.(아람)

일반고 3학년 재학 중인 아람은 10대 여성이 어떻게 화장하고 어떤 옷을 입으며, 친구들과 만날 때 어디 가는지가 모두 페이스북에서 결정되는 것으로 묘사한다. 아람이 친구들과 만날 때 다른 "애들이 우와~ 할 만한 곳"을 찾아가는 소비 실천은 또래 네트워크의 '인정'에 대한 욕망에서 촉발된 것이다. 아람의 소비 실천과 이에 대한 정보 공유는 또래 네트워크를 타고 또 다른 10대 여성의 소비 실천으로 이어진다. 10대 여성 사이에는 '감각적이고 스타일리시한'에 방점이 찍힌 음식점을 방문하려는 네트워크화된 열망이 존재하며, 그러한 열망은 음식점 탐방이라는 소비 실천을 해야 할 필요한 것으로, 혹은 또래들의 관심을 위해 실천해야 하는 것으로 이끈다.

'소녀성' 콘텐츠를 만들고 유통하는 네트워크화된 10대 여성이 수행하는 디지털 노동의 과정은 '소녀성'에 관한 욕망과 소비문화적 실천을 추동할 뿐 아니라 필연적으로 '소녀성'의 체화를 내포한다. 상품 광고 및 판매로 가치를 생산하는 소녀성 산업은 10대 여성의 소비를 이끌어내는 것이 궁극의 목적이다. 디지털 네트워크를 활용해 집합적 정동을 생산할 수 있다면 그것은 어쩌면 특정 상품의 소비라는 구체적 실천을 이끌어내는 가장 효과적인 방법일 것이다.

여기서 소녀성 산업의 주체가 누구인지 재고해 볼 필요가 있다. '소녀성'을 생산하고 소비하는 10대 여성이 소녀성 산업의 주체처럼 여겨지지만, 실은 '소녀성' 역시 주체로서 작동한다. '소녀성'은 지속적으로 전개되는 여성성의 재발견, 재생산을 매개함과 동시에 개별적이고 분산되어 있는 10대 여성을 통제하기도 한다. 또한 소녀성'은 10대 여성이 특정한 정동과 더불어 궁극적으로 구체적 실천, 나아가서 향후 취해야 할 미래를 이끌어내도록 한다. 여성성, 젠더에 대한 기존의 이분법적 도식이 아직 사라지지 않은 상황에서 '소녀성'은 변용되고 도발적인 모습을 보이지만 기존의 여성성, 젠더라는 격자를 중심으로 수용된다.

'소녀성'의 실천에서 디지털 테크놀로지의 역할은 결정적이다. 방대하지만 사실은 선택적인 데이터와 가상화 기술을 활용해

10대 여성을 매개하는 디지털 테크놀로지는 '소녀성'의 이미지를 선제적으로 제시해 그들이 구체적인 실천으로 나아가게 한다. 대표적인 예로, '소녀성'의 외모는 디지털 테크놀로지의 시각화 기술로 구체화되어 테크놀로지에 통제된 미래를 제시한다.

연구 참여자 중 장차 스튜어디스를 꿈꾸며 일반고 1학년에 재학 중인 혜연은 소셜 미디어 정보를 통해 눈매교정술의 전 과정을 이미지로 파악할 수 있었다. 아직 병원에 가 본 적도 없고, 수술을 한 것도 아니지만, 자신의 눈 모양이 어떻게 달라질 수 있는지에 대한 이전(before)과 이후(after)의 변화, 그 일련의 과정에 대한 이미지들은 혜연에게 미래의 성형에 대한 확신감을 심어준다. 하지만 혜연에게 '미래의 성형에 대한 확신'을 주는 것은 가상의 이미지 조작 기술일 뿐이다. 이미지를 조작하는 이 딥페이크 기술은 직간접의 경험적 데이터로 인과관계를 파악하지만 의사결정 과정의 상당 부분을 없애버렸다. 혜연의 계획이 가상성에 기대어 있다는 점에서 딥페이크 이미지로 제시된 그 눈 모양을 가지게 될 것이라는 혜연의 믿음에는 인과관계가 부재한다. 그럼에도 성형수술로 만들어진 눈매에 관한 데이터들은 혜연이 갖고 싶은, 향후 성형수술로 갖고 싶은 눈매의 모양에 대한 생각을 통제하면서 그 미래를 준비하기 위한 현재적 실천을 이끌어낸다. 소녀성 산업이 제공하는 각종 패션 뷰티와 관련된 데이터들은 명백히 10대 여성의 향후 실천을 미리 통제해 소녀성 산업이 팔고자 하는 상품 소비의 확산을 이끈다.

'소녀성'이 10대 여성에게서 특정한 정동을 불러일으키면 서 구체적인 실천과 미래를 이끌어낼 때 중요한 것은 주체가 아닌 객체로서의 몸이다. 매일같이 소셜 미디어에 링크된 동 영상을 보며 눈썹을 그리고 '불타는 허벅지' 운동[4]을 따라하 는 것이 이들에게는 자율적이고 적극적인 여성적 외모 만들 기에 참여하는 일이다. 그들은 자유롭게, 자신이 선택한 필요 에 따라 멀티미디어 정보를 반복적으로 모방하는 방식으로 자신들의 몸을 통제한다. 이처럼 디지털 테크놀로지를 통한 '정보'의 소비와 생산은 일상의 영위, 특정한 상황에서의 의사 결정, 그리고 문화적인 가치 생산과 타인과의 관계뿐 아니라 몸에 이르기까지 이들의 삶을 전방위적으로 매개한다.[5] 디지 털 정보라는 가상적 현실이 실제 수준의 신체보다 더 중요한 현실로 작동하는 것이다.

---

4   2010년을 전후로 해서 인터넷을 달구기 시작해 지금까지 여성들 사이에 많이 보급되어 있는 운동법의 하나로, 허벅지가 불에 타는 것처럼 뜨겁게 열이 날 정 도로 운동을 해 허벅지의 살을 빼는 운동 방법을 말한다.

5   Nicholas G. Carr, *The Shallows: What the Internet is Doing to Our Brains* (New York: W. W. Norton, 2010); [국역본] 니콜라스 카, 『생각하 지 않는 사람들―인터넷이 우리의 뇌 구조를 바꾸고 있다』, 최지향 옮김 (청 림출판, 2020); Mark Andrekevick, "The work that affective economics does", Cultural Studies 25(4-5) (Sep. 2011): 604-620.

소녀성 산업에서 10대 여성은 소셜 미디어 플랫폼으로 가능해진 상업적 '소녀성'에 대한 방대한, 하지만 한계 지어진 데이터들 속에서 스스로를 규제한다. 이 데이터들 속에서 통계적으로 연관된 추론을 통해 10대 여성 이용자들은 자신에게 가장 효율적이고 효과적인 것이라는 확신을 바탕으로 자율적으로 '소녀성'을 선택한다. 이때 이 데이터들은 10대 여성 이용자들에게 궁극적으로 '자유'를 허락할 것이지만 그 자유는 끊임없이 조건지어진다. 하지만 이 앎의 쾌락과 그 앎의 실천을 통한 자기만족 덕택에 10대 여성은 스스로를 소녀성 산업의 주체로서, 자기를 주체적으로 계발하는 자아로서 임파워할 수 있다.

미성년과 성년 사이의 '소녀성' 전략

표준국어대사전에 따르면, '소녀'란 "아직 완전히 성숙하지 아니한 어린 여자아이"를 가리킨다. 물론 그 문화적 의미는 훨씬 더 풍부하고 또 다양하다. 미성숙함, 그에 따르는 풋풋함 혹은 순수함, 그리고 이 같은 속성에서 비롯되는 규범적 여성성 혹은 성적 대상 등은 사실 다분히 성별화된 의미의 표현이기도 하다.

연구에 참여한 10대 여성들에게도 '소녀'는 다양한 의미로 여겨지고 있었다. 사전적 의미인 '미성년 여성', 어린 여자 아이임을 지시하는 규범적, 성별화된 의미의 '소녀'이면서도 일종의 '스타일'이었다. 이를테면, 성별 규범이라기보다 선택 가능한 상품 혹은 취향으로서의 '소녀'를 의미했다. 그래서 그런지, 정말 재미있게도 10대 여성은 기존 문법의 '소녀'를 자기 자신과 동일시하지 않았다.

소녀, 뭔가 여리여리한 거? 요즘은 여리여리는 아니고. 그냥 요즘은 소녀라는 애들이 별로 없는 거 같은데. 10대만 소녀예요? 진짜 그냥 이미지가 된 거 같아요. '소녀 같다,' 이렇게. 저는 첨에 물어보셨을 때 10대라는 건지 몰랐어요. 소녀가 10대라는 걸 몰랐어요. 요즘엔 그냥 딱히, 그냥 스타일을 소녀 같다 하지… 그냥 여리여리, 예쁘고 흰색 원피스. 이런 게 소녀 스타일.(재민)

소녀, 소녀. 아직은 저랑은 거리가 좀 먼? 저는 아직 소녀 같진 않은 거 같아요. 단어 자체가, 분위기가 산뜻하고 그러잖아요. 애들도 소녀라 하면 다 그렇게 생각할 거예요. 이건 나이보다도 청순함, 하얀 피부, 큰 눈, 핑크빛 입술, 그런 거? 소녀는 그냥 예쁜 이미지. 쇼핑몰, OO[상호에 '소녀'가 포함됨]라는 쇼핑몰 있거든요. 거기도 좀 예쁜 사람들이 입어야 예쁜 그런 옷들밖에 안 입어요. 전 사본 적은 없

어요, 안 어울릴 것 같아서.(서진)

(아까 부모님께서 소녀로 돌아가라고 하셨던 말은 무슨 뜻
인가요?) 아이, 그게 생김새 얘기한 게 아니라. 그냥 몸 자
체가, 살 얘기했잖아요. 몸이 여리여리했던 때로 돌아가라
고. 그 얘기. 살찌기 전으로 돌아가라는 그 얘기. 소녀는
여리고 여성스럽고 그런 거니까.(소민)

이 세 명의 소녀들은 '소녀'에 대해 마치 자신과는 동떨어진
세계의 것인 양 이야기한다. 이들에게 '소녀'는 다분히 대중문
화적 이미지 혹은 소비 행위와 관련된 것으로 인식되는 경향
이 짙다. '소녀'는 '10대'인 자신들을 일컫는 단어가 아니라 특
정한 분위기나 이미지, 스타일, 보다 정확하게는 '외모'와 관계
된 것이다. 중학생인 서진은 '나이보다도' 특정한 외모적 스타
일을 '소녀'와 연결시킨다. 그리고 그러한 외모를 가지려고 노
력하지 않은, 혹은 선택하지 않은 자신은 '아직' 소녀가 아니
다. '소녀가 10대라는 걸 몰랐다'는 재민과 '나이'가 아닌 특정
쇼핑몰이 '소녀'와 더 관계가 있다고 생각하는 서진에게 '소녀'
는 10대 여성 범주와 동일한 것이라기보다 젊은 세대 여성들
이 선택할 수 있는 다양한 취향 혹은 스타일 중 하나, 즉 선
택지 중 하나로 인식된다.

　물론 이들이 소녀를 묘사하는 방식에도 소녀에 대한 기

존의 규범성이 녹아 있다. 하지만 '10대와 소녀는 동의어가 아니다', '소녀는 스타일'이라는 새로운 언설은 소녀, 즉 규범적 10대 여성성의 탈규범적 측면과 소비자본주의적 의미를 드러낸다. 10대 여성 사이에서 상반되는 것으로 읽히는 소녀에 대한 규범적, 탈규범적 이해는 모두 '소녀'에 대한 성적 의미를 내포하고 있다. 예컨대 '예쁜', '흰색 원피스'와 같은 소녀 스타일은 '미성숙'하고 무성적이라는 측면에서 성적 대상으로서의 규범적 소녀성에 기대어 있다. 규범적 소녀성이 성적 '대상'으로 호명되어 온 것과 관계된다면 '소녀'를 하나의 스타일로 명명하는 것, '소녀' 외의 다른 스타일을 선택할 수 있는 가능성은 10대 여성의 변화한 성적 주체성 혹은 권리와 관계된다.

좀 여성성이라는 게 좀 더 가슴이 크고 몸매가 섹시하고… 이런 게, 예전보다는. 청순한 거는 왜냐면 10대들도 원피스를 입으면…. 청순과 귀여움은 더 이상 예쁨의 범주보다는 누구나 다 가지고 있는. 누구나 옷만 입고 화장만 하면 누구나 그렇게 될 수 있잖아요. 조신한 척만 하면 되니까. 청순한 걸 별로 싫어해요, 애들이. 재수 없다고 생각해요. 섹시한 거 같은 경우는 내가 노력해서 약간 그런 거잖아요. … 요즘에는 원피스, 이런 애들보다는 가슴 부각되는 옷 입고 짧은 핫팬츠 입고, 이런 애들이 정말 많아졌어요. 진짜 딱 달라붙는 옷 입는 애들 진짜 많아졌어요. … 예전에

는 예쁘고 청순하고 귀엽고 이런 거라면, 요즘에는 인상을
빡 주는 게 더 효과적이라고 그래야 되나.(예은)

예은은 '소녀'가 의미하는 바가 '순수함'에서 '성숙함'으로 바
뀐 것을 자신을 포함한 또래 문화의 변화로 설명한다. 규범적
소녀성은 10대 여성이 수행하는 자기 재현의 여러 선택지 중
하나가 되었다. 이제 10대 여성은 '흰 원피스' 말고도 섹시하
게 화장하거나 가슴골이 파인 티셔츠나 비키니 수영복을 입
는다. 만약 규범적인, 전형적인 의미의 '소녀'처럼 보이길 원한
다면, 서진이 말하듯, 소비를 통해 그와 같은 이미지 혹은 스
타일을 선택할 수 있다. 이때의 '소녀'에는 탈규범성의 의미가
더해진 것으로, 10대 여성의 선택이나 주체성과 같은 측면이
두드러진다. 이는 오늘날 10대 여성이 소비자본주의와 맺고
있는 관계적 측면, 즉 10대 여성들이 스스로를 재현하는 주
체로서 문화와 시장에 개입하고 있음을 보여준다.
　소비시장을 점점 더 확대하고자 하는 소비자본주의에서
10대 여성은 새로운, 잠재적 소비자 집단으로 타깃팅되어 왔
다. '소녀'의 의미 변화는 이용자를 생산자로 자리매김하는 디
지털 경제의 참여적 맥락, 더 정확히 말하면 생산자로서의 10
대 여성의 참여가 결합한 소비문화에서 만들어진다. 10대 여
성은 성별과 연령을 토대로 구성된 '소녀'의 의미를 소비문화
속에서 자신들이 생산자로서 만들어낼 수 있는 일종의 다양

한 '스타일' 중 하나로 상대화한다. 예컨대 '순수하고', '여리여리'하고 '러블리'한 전통적인 '소녀' 스타일은 시장을 경유하면서 보다 다양한 상품과 결합하고, 은진이 말하고 있듯 '어린 스타일'로, '약간 젊은 층들'로 연결된다. '스타일', '외모'로서의 소녀는 상품 소비를 매개로 10대뿐 아니라 그러한 상품을 구매하는, 혹은 '소녀적 스타일'을 가진 성인 여성에게도 확장될 수 있는 것이다. 이 같은 소녀성 산업은 과거 연령이나 고등학교 졸업 유무를 기반으로 분류되었던 10대와 20대라는 범주로부터 '10대에서 20대 초반'이라는 새로운 범주를 부상시키고 있다.

미성숙하고 무성적인 것으로 여겨지는, 적어도 전통적 의미의 소녀성은 10대라는 한 세대 전체를 아우르는 감성 혹은 범주적 속성으로 여겨지지 않는다. 소녀는 '소녀'라는 문화적 구성물의 의미를 만들어주는 다양한 소비문화적 경험과 실천을 경유한 일종의 코스프레적 성격을 띤다.

물론 '소녀성'을 소비자본주의적으로 전유하는 것이 새롭게 등장한 현상은 아니다. 소비자본주의는 성인 여성을 예비하는 시기라는 '미성년' 개념에 기반해 10대 여성을 이상화된 동질적 소비자 집단으로 묶어왔다. 이 과정에서 전통적 의미의 '소녀'는 위반의 과정을 거치기도 하지만 그것은 특수하거나 특정 소비 상품과 관계하는 기호의 문제로 이해되는 경향이 있었고, 성인 여성의 예비자라는 '소녀'의 위치는 대체로 유지되었다.

그러나 '소녀'의 기존 의미는 신자유주의적 자기관리 체제의 확장, 이와 결합한 여성에 대한 교육과 소비자본주의 때문에 달라지고 있다. 유예와 통제의 시기를 의미하던 '소녀'의 시기는 독립과 주체의 시기로 재정의되고 있다.[6] 이제 소녀성에 대한 이들의 변화된 묘사는 자유와 권리, 즐거움과 능력, 성공, 성취, 참여 같은 10대 여성의 새로운 여성성 범주에 대해 말해주고 있다.

10대 여성은 성인 여성과 거의 비슷한 수준에서 화장품과 트랜디한 패션, 다이어트와 성형, 카페와 맛집 투어, 펜션 여행 등 소비문화적이며 성애적인 것으로서의 '여성적인 것'에 접근할 수 있게 되었다. 이 같은 변화는 연애와 성에 관해 보다 자유로워진 미성년 여성들의 언설과 실천에서도 확인된다. 앞서 예은의 말에 따르면, '섹시함'은 노력으로 달성 가능한 것이기에 일종의 능력으로 평가받아 더 가치 있는 것이 된다. 반면 '청순함' 같은 것은 10대 여성에게는 그 연령적 특성에 따라 주어진 것, 개개인 10대 여성의 특성과 무관하게 문화적, 규범적으로 그냥 주어진 것으로 간주된다. 그것은 노력

---

6   Angela McRobbie, *Aftermath of Feminism*; Rosalind Gill, "Postfeminist media culture: Elements of a sensibility," *European Journal of Cultural Studies* 10(2) (May 2007): 147-166.

이나 경쟁 없이 주어진 것으로, 따라서 매력적인 요소로 여겨지지 않는다.

10대 여성은 '여성'이라는 성별 범주를 성별 권력관계나 정체성의 언어로 이해하기보다 소비적, 성적 실천에서의 권리와 선택의 언어로 이해하기 시작한 것 같다. 10대 여성은 학교나 사회의 제도화된 훈육 대신 소비문화 속에서 자율적이고 자발적으로 성별화된 여성을 선취하고 있다. 특히 소녀성 산업과 같이 10대 여성이 생산자이며 소비자인 장의 출현은 10대 여성이 접근 가능한 소비시장의 범주를 성인의 것만큼이나 확장시키고 있다. 뿐만 아니라 생산자라는 새로운 위치에서 '10대 여성'이라는 당사자성을 소비문화의 중요한 요소로 전면화하고 있다.

10대 여성은 스스로를 더는 전통적, 규범적 의미의 '소녀'로 생각하지 않는다. 스스로가 성인이라고 생각하지도 않지만 전통적 의미의 '소녀'라고도 여기지 않는다. 연령 제한은 '학생'이라는 신분 때문에 만들어지는 것이지 성인 여성의 상대자로서의 '어린 여자'라서가 아니다. '소녀'라는 범주는 가부장제와 소비문화, 연령주의의 구성물이다. 10대 여성은 '소녀'가 그러한 구성물이라는 점을 파악하기 시작한 것 같다.

10대 여성에게 '소녀성'이 선택 가능한 것이 되면서 이로부터 떨어져 나온 '미성년성'은 모순적이게도 소녀성 산업을 경유하면서 재차 소환되고, 오히려 적극적으로 이용된다. 이는 소비층을 타깃팅하는 동시에 '10대', '미성년'이라는 짧은 시기, 그래서 희소한 가치를 내세우며 그 같은 '이미지' 상품을 10대 범주 바깥으로 확장하고자 하는 자본주의 논리에 따른 것이다. 10대 여성에게는 개인의 권리 혹은 주체성으로 여겨지는 섹슈얼리티의 재현 및 실천 가능성이 확대되면서 미성년성은 다시금 '팔릴 만한', '대중에게 소구할 만한' 희소한 상품으로 이용되는 것이다.

이 산업의 '생산자'인 10대 여성은 이 모순성을 오히려 매력적인 요소로 보이게 하여 소녀성 산업의 외연을 확장하고 있다. 예컨대 엄청난 수의 팔로워를 보유한 페북 스타 나현이 애초에 인기를 얻었던 사진은 세련된 외모에 '여학생'을 상징하는 단발머리 스타일과 교복의 조합 덕분이다.

> 요즘 또 고등학생들 예쁜 애들 많거든요. 이제 또 그런 애들이 대세예요. 교복 입고 귀엽고 예쁜 애들? 저도 그때 떴던 거고. 아무래도 그냥 예쁜 애보다는 학생이면서 예쁜 애가 약간 더 신선하고. '쟤는 어린데 저렇게 예쁘다.' 그니까 예쁜 여자는 많은데 순수하게 예쁜 여자. 교복 입고 청초한 애들. 막 교복 입고 화장 빡세게 한 애들 안 좋아하고요. 화장 적당히. 교복 입었는데 청순하고 하얗고 수수하게 생긴 애들이 많이. 남자들은 무조건 교복 입었다고 좋아하고 여자들은 교복 입었는데 청초하다고 좋아하고. (나현이

도 그렇게 해서 떴고?) 네. 저는 교복 사진이 좀 많이 있었
죠.(나현)

오랫동안 아름다움과 치장하기는 성인 여성에 속하는 것이었
다. 소녀는 그 같은 꾸밈없이도 어리다는 것 자체만으로 충분
히 매력적인 시기로 여겨졌다. 그런데 나현은 자신이, 그리고
10대 페북 스타가 인기를 얻는 이유가 어린 여성성과 세련된
외모라는 신선한 조합 때문이라고 평가한다. 나현의 경우 여
기에 동원된 장치는 화장과 교복이다. 화장은 외모에서 성인
과의 구분을 모호하게 해주면서 성인만큼 세련된 아름다움
에 접근하게 해준다. '교복'은 10대 여성인 당사자성, 여성 가
운데 나이의 위계에서 가장 일시적이기 때문에 가장 특권적
인 위치를 나타낸다. 이는 '소녀성'의 특성을 단적으로 드러낸
문화적 기호다.

　소녀성 산업은 모순적 소녀성을 적극 활용하고 생산하는
장이다. 나현의 '소속사'이자 화장품 생산업체인 'OO스킨'은
얼짱, 페북 스타를 십분 활용해 이 같은 인물들을 상품의 홍
보자 역할을 넘어 상품 생산자로 내세운다. 예를 들면, '수분
크림 대란, 누가 개발 참여했는지 봤더니 10-20대 여자들의
워너비 4명이 참여해서 화제'와 같이 당사자성을 활용한다.

　이 네 명의 여성이라 함은, 나현을 포함하여 모두 또래
네트워크 입소문으로 유명해진 또래 '얼짱', 페북 스타다. 이

중 페북 스타 김OO는 자신의 개인 계정에 자신이 이 화장품의 협찬 광고 모델이 아니라 제품 개발자로 참여했다는 점을 중요하게 언급한다. 화장품 개발은 이제까지는 통상 '미성년자'에게 주어지는 기회가 아니었다. 어른의 세계이고 그들이 결정권을 가진 영역이다. 이런 세계에 페북 스타는 접근하고 있는 것이다. 동시에 그러한 세계에 '10대'로 참여했다는 점 또한 강조된다. 또래 네트워크의 당사자성에 소구하는 가장 좋은 방법이기 때문이다. 동시적일 수 없을 것 같은 미성년으로서의 당사자성과 탈미성년적 역할의 공존은 소녀성 산업을 작동시키는 핵심 요소인 '소녀성'의 특수성을 드러낸다.

성인과 미성년자의 경계는 실상 근대 이후 형성된 것이다. 소녀성 산업은 그 모호하고 유동적인 경계를 유지하면서 새롭게 만들어진 범주를 활용하려 한다. 10대 여성의 또래라는 특수성뿐 아니라 그로부터 벗어나고자 하는 욕망까지 포섭하고 싶은 것이다. 소녀성 산업은 10대 여성에게 미성년과 탈미성년 사이 긴장 관계에서 이 두 가지 모두를 유지하면서도 균형을 잡을 것을 요청한다.

이 긴장과 균형의 필요성은 전통적인 '여학생', '미성년자'로서의 규범성을 상대화하는 동시에 어떤 틈이 만들어졌음을 나타낸다. 소비시장과 미디어를 매개로 화장과 성형, 패션 쇼핑, 연애와 성적 실천 등 10대 여성의 젠더와 연령으로 인한 통제를 해제하는 동시에 '어림', 소녀 육체를 전면에 내세

운다. 미성년과 성년 사이의 이 모순적 공간은 훈육 사회의 표준적인 훈육과 규범에서 '자유로운' 개인의 욕망과 경쟁, 상호모방, 심리적 전염을 주요한 가치로 하는 통제 사회로 전환하는 과정에 있다.[7] 이 과정에서 10대 여성은 특정한 규칙에 따라야 하는 대신 자율성과 선택의 가능성을 감지한다.

이 가능성 덕택에 전에 없던 조합과 틈새, 기존 규범과 어른 세대에 대한 도발이 허용되었다. 하지만 그것은 미성년성과 탈미성년성 사이의 긴장을 유지하는 한에서, 소녀성 산업이 틀 짓고 있는 '소녀성'과 그 상품에 한해서다. 이런 식으로 미성년성과 탈미성년성을 모두 내포한 '소녀성' 전략은 끊임없이 세부적인 차이를 만들어내는 방식으로 더 많은 소비자를 포섭하는 소비자본주의 시장 모델에 기반해 있다. 소녀성 산업은 미성년성과 탈미성년성의 다양한 조합을 경쟁력 있는 것으로 상품화하고자 한다. 이들이 더는 성인 여성과 구분 없는 소비시장에 접근할 수 있게 된 지금 '미성년성'은 통제, 제한, 억제적인 것에서 벗어나 오히려 찰나적이고, 그래서 희소한, 매력적인 상품 요소이기 때문이다.

7   Gilles Deleuze, "Postscript on the Societies of Control," *October* 59 (Winter 1992): 3-7.

9장 연결됨의 즐거움

2012년에 논란이 된 바 있는 페이스북의 감정 조작에 관한
연구는 소셜 미디어가 기대고 있는 것이 '감정', 더 정확히는
네트워크화되는 감정이라는 점을 단적으로 보여준다. 이 연구
팀은 소셜 미디어 이용자들 사이에 '감정적 전염'이 이루어짐
을 발견했다.[1] 이 같은 연구 결과는 우선 소셜 미디어에서 누
군가 어떤 목적이나 의도에서 특정 감정을 확산시키는 것이
가능하다는 점에서 많은 사람의 우려를 낳았다. 뿐만 아니라
연구 참여에 대한 페이스북 이용자들의 동의가 없었을 뿐 아
니라 이용자들이 이 같은 실험을 알 수 없었다는 점에서 연
구 윤리상 문제로 논란이 된 바 있다. 소셜 미디어는 이용자
가 충실하게 지속적으로 참여하고자 하는 열정, 실시간의 타

---

1   Adam D. Kramer, Jamie E. Guillory, Jeffrey T Hancock, "Experimental
    evidence of massive-scale emotional contagion through social
    networks," *Proc Natl Acad Scic USA(PNAC)* 111(24): 8788-90. http://
    www.pnas.org/ content/111/24/8788.full에서 다운로드해 볼 수 있다.

임라인에 대한 이끌림을 생산하고 순환시키는 미디어다.[2] 그런데 디지털 노동에서 가치 생산은 정동의 조절을 포함한다.[3] 소셜 미디어는 친구 신청, 좋아요, 공유하기 등과 같은 장치를 통해 이용자 사이의 관계와 정동을 이끌어내고 그로부터 생산되는 가치를 전유한다.[4] 이 과정에서 생산되는 가치는 대중들의 관심 동원, 공통 의견 형성, 평판 구축, 유행 창출 등에 따라 결정된다.

앞서 조디 딘은 이를 '소통 자본주의'로 개념화 한 바 있다.[5] 딘은 네트워크 사회의 커뮤니케이션이 완전히 자본주의 구조 안에 포섭되었으며, 연결되고 개인화된 커뮤니케이션과 정보에 대한 자본주의적 접근 때문에 우리의 가장 개인적이

---

2   Jodi Dean, "Communicative Capitalism: Circulation and The Foreclosure of Politics," *Cultural Politics* 1(1) (Mar. 2005): 51-74.

3   Michael Hardt, Antonio Negri, *Empire* (Cambridge, MA: Harvard University Press, 2001: [국역본] 안토니오 네그리, 마이클 하트 『제국』, 윤수종 옮김(이학사, 2001); Mark Coté, Jennifer Pybus, "Learning to immaterial labour 2.0: MySpace and immaterial labour," *ephemera* 7(1): 88-106.

4   Mark Andrejevic, "The Work That Affective Economics Does," *Cultural Studies* 25(4-5) (Sep. 2011), 604-620; Mark Andrejevic, "Surveillance and Alienation in the Online Economy," *Surveillance&Society* 8(3) (Jan. 2011), 278-287; 이항우, 「동료 생산(peer production)과 시장: 디지털 공유 모델의 의의와 한계」, 『경제와 사회』 2013(9): 153-183.

5   Jodi Dean, 위의 글; Jodi Dean, "Whatever Blogging," in ed. by Trebor Scholz, *Digital Labor: The Internet as Playground and Factory* (London: Routledge, 2012).

고 친밀한 관계를 상품화하는 것이 가능해졌다고 설명한다.[6] 이를테면 소통 자본주의는 상품에 의존하는 게 아니라 사회관계를 직접적으로 착취해 가치를 발생시킨다는 것이다. 소셜 미디어 플랫폼은 이용자에게 사회관계를 형성하게 하고 이에 대한 애착과 유명해지고 싶은 욕망, 자랑스러움, 소속감, 연결되어 있다는 충족감 등을 통해 계속해서 이들을 소셜 미디어의 충실한 이용자로 남게 한다.

또래 네트워크는 사회관계에서 주목을 받고 평판을 얻는 식으로 가치를 만들어내고자 하는 소셜 미디어에서 빛을 발한다. 소셜 미디어에서 이용자들이 네트워크화된 다른 사람과의 소통 과정에서 겪는 친밀성이나 강한 정동적 경험은 이용자의 정체성 형성에 관계한다.[7] 소셜 미디어 공간은 10대 여성에게 자신에 대한 평가를 이끌어내고 오프라인에서는 미처 발산하지 못하는 매력을 발산할 수 있는, 또래 평판에서 중요한 공간이다.

조디 딘이 말하고 있듯이, 소셜 미디어와 같은 소통 미디어에서 중요한 것은 소셜 미디어에 업로드되는 내용이 아니

---

6   Jodi Dean, "Whatever Blogging."

7   Mark Coté, Jennifer Pybus, 위의 글; Adam Arvidsson, "Value in Informational Capitalism and on the Internet," *The Information Society: An International Journal* 28(3) (May 2012): 135-150.

라 데이터의 순환이다.[8] 계속되는 반응, 그것이 소셜 미디어의 콘텐츠 자체다.[9] 10대 여성이 '좋아요'나 '공유' 수와 같은 반응에 주목하는 것은 바로 이러한 소통 미디어의 특성에 기인한다. 인기나 평판은 '좋아요', '공유'와 같은 장치에 의해 계량된다. 이렇게 계량적으로 측정할 수 있는 평판은 10대 여성에게 또래 내에서 자신의 인기나 지위를 공식화하고 아주 구체적인 감정을 불러일으킨다. "뭐라도 된 것 같은"(여정) 기분은 10대 여성의 계속적인 디지털 노동을 추동한다.

원래 꾸미는 거 좋아하니까, 방학 때 할 것도 없고 맨날 집에서 뒹굴뒹굴하니까 심심해서 시작했는데, 반응이 나름 좋게 온 거예요. 그래서 제가 시간 될 때마다 가끔씩 업데이트하고. 요청 메시지로 오는 게 있거든요. 사진 주면서 '이렇게 메이크업을 올려주세요' 하면, 제가 이렇게 해서 올리고. 저는 재미있어요. 제 친구들이 이걸 딱 보잖아요. '얘, 이거 했네? 재밌다.' 이래서 '좋아요' 누르고, 걔 친구가 또

---

8   Jodi Dean, "Communicative Capitalism: Circulation and The Foreclosure of Politics."

9   재작년 소셜 미디어를 강타한 'OO'라는 운동화 브랜드는 이용자 간 빈번한 소통에서 발생한 '관심'이라는 가치를 통해 성공한 사례이다. 사례 C는 품질도 디자인도 별로인 OO의 성공을 일컬어 "가장 말도 안 되는 성공 케이스"라고 표현한다.

'재밌네.' '좋아요' 누르고, 그렇게 또 개 친구의 친구의 친구가. 그렇게 계속 친구의 친구의 친구의 친구의 해서 나중엔 모르는 사람까지. 좀 그게 신기한 거 같아요. 좀 그래도 내가 딴 거는 다 남들이랑 다 똑같은데 그나마 화장으로 조금 유명해졌고, 그래도 괜찮다고 칭찬해 주는 사람들이 조금 있으니까. 학교 가도 그런 게 있거든요. '야, 페북 스타 OO이의 화장대, 걔다' 이러면서. 그런 거 있어요. '어, 너 눈 감아봐. 오늘 섀도우 뭐했어?' '어, 벚꽃색이네. 이쁘다. 너 진짜 화장 잘해!' 이 정도 칭찬해 주니까. 그리고 메시지 이런 거 보면, 아, 나도 20살인데, 그래도 나는 이 사람보다 일찍 화장을 시작해서 조금은 잘하잖아요. 저 20살 이제 올라왔는데 화장을 한 번도 해본 적이 없는데 이거 화장 어떻게 하냐고, 어떻게 하면 기본적으로 이런 걸 하게 되냐고 물어보고 그러면 막 뿌듯해요. 저는 그게 재밌어요. 제가 알려줌으로써 이 사람도 싸고 좋은 걸 알아서 예쁜 얼굴을 하고 다닐 수 있는 게 좋은 거 같아요.(상지)

전문대 재학 중인 상지는 'OO의 화장대'라는 뷰티 페이지[10]

---

10   상지는 자신의 별명을 따, 화장법을 소개하는 'OO의 화장대'라는 페이지를 만들어 운영한다. 상지는 요즘 유행하는 연예인의 화장법이나 '엘사'와 같은 애니메이션 주인공을 따라한 메이크업으로 주목받고 있다.

를 운영하는 페북 스타다. 상지는 다른 '페북 스타'처럼 주기적으로 마케팅 의뢰를 받는 것도 아니고, 특정 회사에 소속되어 있는 것도 아니다. 하지만 지속해서 뷰티 정보를 업로드하고 화장품이나 화장법 등을 질문하는 사람들에게 충실히 답하는 과정에서 오는 순수한 즐거움으로 페이지를 운영하고 있다. 그녀는 페이지 운영을 매개로 친구들은 물론 자신은 알지도 못하는 사람들까지 자신을 알아주고 또 이들에게 도움을 줄 수 있다는 데서 뿌듯함을 느낀다. 이러한 감정은 경제적 동인 없이도 기꺼이 시간과 노력을 투여하게 한다.

제일 많이 하는 게 인지도 같은 거. 저를 모르는 사람들이 저를 알고 나쁜 말도 하지만 좋은 말도 해주는 사람이 많고. 나쁜 말은 뭐 어떻게 됐든 뒤에서 하는 거니까 제가 못 들을 경우가 많지만 좋은 말은 앞에서도 해주고, 지나가면서도 하고 그러니까. 좀 뭔가 자신감도 생기고. 그냥 사람들이, 친구들이 '너, 이쁘대' 이러고. 친구의 친구들이 제일 많이 이야기를 하잖아요. 주위 사람들과 연관이 되는 사람들을. '이쁘대' 이러면 '어, 고맙다'고 이러는데. 그냥 자신감, 이런 거? 근데 뭔가 남들과는 다른 거 같다는 생각도 했어요.(다은)

긴발(긴 머리)일 땐 진짜 관심 별로 없었거든요. 단발일 때 사진이 더 잘 나왔어요. 그게 고등학교 2학년이었는데. 그 때 자르고 나서 어떤 페이지에서 관리자가 제 사진을 무단 으로 퍼갔는데, 한번 퍼지면 계속 죽 퍼지거든요. 그래서 그게 계속 퍼지다 보니까 어느새 지금 타고 타고 계속 와 서. (페이지 관리자가 어떻게 가져간 거야. 공유하기로?) 사 진을 무단으로 저장을 하고 그냥 지멋대로 올린 거죠. 내 리라고 했는데도 말도 안 듣고. (무슨 페이지?) 몰라요 기 억이 안 나요. 페이지가 너무 많아서 (무슨 훈녀훈남, 이런 건가?) 어, 네네 그런 거. (어땠어? 처음으로 무단으로 퍼갔 을 때.) 그때 너무 많은 관심이 부담스럽고 주위에서 물어 보니까 싫었는데, 한 3개월 되니까 적응도 되면서 약간 우 쭐해지면서. 사진 더 올리게 되고, 계속.(나현)

다은과 나현을 '페북 스타'로 만드는 데 기여했던 '훈녀'나 '얼 짱'처럼 숨은 미인을 찾아 사람들에게 알려주는 페이스북 페 이지는 소녀성 산업이 10대 여성의 자기 전시와 평판 체계를 적극적으로 활용하는 대표적인 사례다. 이 페이지들은 10대 여성 개인의 사진을 무단 도용해 구독률을 높이기 위한 콘텐 츠로 활용한다. 심지어 나현의 경우에는, 자신의 사진을 무단 으로 퍼간 사실을 알게 된 뒤 삭제를 요청했지만 받아들여지 지 않았다. 하지만 결과적으로 도용당한 사진 덕분에 나현은 페북 스타가 되었고 경제적인 수익을 얻었으며 진로도 바꾸게 되었다.

소셜 미디어, 특히 10대 여성을 주축으로 형성된 네트워크에서 개인 이용자의 콘텐츠를 도용하거나 무단으로 사용하는 것이 큰 문제로 불거지지 않는 이유는, 나현도 이야기하고 있듯이, '우쭐'해질 수 있는 기회로 이어지기 때문이다. 소셜 미디어의 평판 장치는 페북 스타나 그에 버금가는 유명세를 얻고 싶은 10대 여성이 디지털 노동에서 겪는 어려움을 견딜 수 있도록 하는 주요한 동인 중 하나다.

> (콘텐츠 만드는 데 하루에 얼마나 시간 썼어?) 처음에는, 진짜 제가 처음에는 제가 했을 때는, 제가 잠깐 외국에 놀러갔을 때였는데 밤낮이 다르잖아요. 새벽에 내내 그걸 하고 있어요, 잠을 못 자고. 그리고 낮엔 자요. 그러면 집에서 또 욕 엄청 먹어요. 여기까지 왔는데 낮에 자야겠냐고. 처음에 진짜 시간 많이 썼어요. 맨날 그거 찾으러 다니느라. (그럼 하루에 다섯 시간 이렇게?) 네, 더했죠. 미리미리 준비를 해야 되니까.(다정)

가장 좋은 이미지를 얻기 위한 몸매 관리나 반복적인 촬영과 보정 등 페북 스타가 자신의 평판을 유지하기 위한 활동은 보통 10대 여성 이용자의 소셜 미디어 하기와 다르지 않다. 하지만 페북 스타들이 고려해야 하는 관객 범주는 보통의 10

대 여성 이용자와는 비교할 수 없을 만큼 방대하다. 또한 이들은 자신들의 소셜 미디어 활동이 상업적 영역과 밀접하게 연계되어 있음을 분명히 인식하고 있기 때문에 이로 인한 부담감이 존재한다.

이들에게 셀카를 찍고 일상을 공유하는 것은 즐거운 소셜 미디어 활동이 아니라 마감에 쫓기고 스트레스에 시달리는 부담스럽고 힘든 노동이다. 하지만 다정이 가족여행을 가서까지 더 많은 '라이크'를 얻으려고 많은 시간과 노력을 들인 것은 단순히 자신을 고용한 사례 G의 요청 때문만으로는 볼 수 없다. 다정이 10대 여성을 위한 뷰티 정보 페이지의 운영자로 콘텐츠를 업로드하고 팔로워들과 소통하는 과정에서 놀이의 경험, 이를 통한 즐거움과 재미를 더 많이 느꼈기 때문이기도 하다. 10대 여성 사이에서 뷰티 페이지의 운영자로 유명해지는 경험을 겪었기에, 그들의 페이지 운영은 놀이나 일로 명확히 구분되는 배타적 범주의 일이 아니다. 그보다는 놀이 요소, 소통의 요소가 공존한다는 것을 알았기 때문에 시간과 노력을 들여 지속할 수 있는 것이다. 비록 의무와 책임이 부여되는 일의 특성을 띠지만 말이다.

특히 자신에 대해 형성된 평판과 이러한 평판을 가능하게 해준 팔로워들과의 소통은 '페북 스타'로서의 노동을 수행하는 데 투여되는 시간과 스트레스가 많음에도 '제대로'(나현) 이 일을 하고 싶다는 생각을 들게 한다.

댓글들 내용 보면 제가 생각했던 대로 '친근감을 많이 느꼈다', '소통해서 좋다' 이런 반응이 많거든요. 고등학교 땐 그냥 사진 올리는 것도 싫어했으니까, 돈 준다면 그냥 하는 거였으니까, 제 생각 안 하고 그냥 돈만 받고 대충대충 올리고 했는데, 대충 올릴수록 반응도 별로고 하니까 제대로 해야겠다 해서. 그래도 사진 찍는 건 좋아하고 보정하는 걸 좋아하니까. 사람들도 '잘 찍는다, 잘 찍는다' 해주고, 사진 땜에 팔로우하신 분들도 있고. 지금 보실래요?(나현)

필자에게 자신이 이룬 커리어를 내보이며 설명하고 싶어 하는 나현의 당당하고 자신감 있는 태도는 페이스북과 인스타그램에 형성되어 있는 자신에 대한 탄탄한 인기와 팔로워의 신뢰에서 나온다. 소셜 미디어에 올릴 내용을 만들려고 하루를 몽땅 투여해야 하는, 거의 24시간 노동에 대한 페북 스타들의 불만은 팔로워들이 표현해 주는 칭찬과 친밀함 속에서 상쇄된다.

　10대 여성의 디지털 노동은 소셜 미디어에서의 주목과 소통의 즐거움, 그리고 그러한 즐거움이 다시금 디지털 경제의 동인이 되는, 일과 놀이의 모호한 경계 속에 있다. 10대 여성 이용자는 자신의 일이 노동의 성격을 띠고 있다는 것을 인식하고 있는 '페북 스타'를 포함해, 이 노동이 감정적인 보상, 충족감을 선사한다는 점 때문에 자신이 노동하고 있다고 느끼지 않는다. 혹은 그런 인식이 드는 경우라 하더라도 자신이 하고 있는 일을 즐기거나 놀이 같다고 여긴다. 게다가 그들은 서로에게 디지털 노동 생산물의 제공자이자 그 이용자이기도 하다. 또래 네트워크 안에서 일과 놀이의 경계는 모호하다. 10대 여성이 수행하는 일에서 '노동'의 속성은 놀이, 소통 이데올로기에 의해 가려지고, 10대 여성은 기꺼이 즐겁게 디지털 노동에 참여한다.

10장 수능보다 뷰티 크리에이터!

나현과 다정은 페북 스타(현재는 인플루언서)의 영향력이 이렇게 막강할지, 그리고 많은 사람에게 꿈, 장래 희망이 될 줄 알았을까? 이 연구를 시작했을 때는 인플루언서의 경제적 잠재성을 일찌감치 알아본 소수의 사업가가 이들의 영향력을 활용하려는 시도를 막 시작하고 있었다. 내가 만났던 페북 스타 중 꽤 높은 인기를 구가하던 나현과 다정은 '어쩌다 보니' 그 소수 사업가의 레이더망에 포착되어 이 새로운 직업의 세계에 들어갔다.

> 페이지 [운영]할 애들 뽑는데 연락이 엄청 왔어요. 어린애들, 중학생, 고등학생. 그게 흥미로운 직업이잖아요. 그게 없었던 직업이니까. 지금 하는 애들 엄청 많아요.(다정)

누구나 페북 스타가 되는 것은 아니다. 소통의 기술은 물론이고, 외모와 일상을 소셜 미디어의 감성에 맞게 기획하고 만들어낼 수 있는 감각과 기술이 있어야 한다. 소녀성 산업에서 이들에게 주어지는 역할은 주로 패션과 뷰티에 대한 관심을 자극하고 최신 트렌드를 전달하는 매개체다. 소셜 미디어에 자신의 일상과 소비를 중계하는 것을 즐기는 일은 또래 네트워크에서 주목을 받을 수 있을 정도의 외모를 가지거나 재현할 수 있는 능력을 가진 경우에는 더 빨리 유명해진다.

소셜 미디어에서 유명해진다는 것은 새로운 커리어의 영역으로 여겨진다. 미미하긴 하지만 물질적 보상이 뒤따르고, 마케팅 회사나 '소속사'와 계약을 하기도 한다. 패션 뷰티 상품 분야에서 그들에게 주어진 일종의 큐레이터 같은 역할은 성실한 학교생활과 성적, 대학 진학이 자신의 진로를 결정한다고 여겨지는 한국 사회 미성년자들에게 새로운 전망으로 부상된다.

소셜 미디어의 또래 네트워크는 어른들의 감시로부터 멀리 벗어나 있다. 또래 네트워크는 10대 여성에게 답답한 입시 환경에서 틈틈이 벗어날 수 있는 곳이다. 이 공간은 '학생다움', '10대다움'을 어느 정도는 위반할 수 있는 해방적 공간으로 여겨진다. 게다가 여기에서 커리어 전망까지 발견한다면 이곳은 당연히 학교와 입시 환경으로부터 탈출할 수 있는 가능성의 장으로 선택된다.

공부를 안 하려고 하다 보니까, 공부 말고 무조건 딴 거 하

고 싶어서 잔머리를 굴리다 보니까. 흐흐흐흐. 공부를 잘
할 거면 확 잘해야 되는데 어중간하게 하는 거, 제가 싫어
해서. 어중간하다가 취업하다가 시집가서 애나 키우고 그
러겠지, 이거보다는.(나현)

10대 여성은 별것 아닌 또래 문화를 적극적으로 향유해 과거
자신들의 것이 아니었던 일에 대한 가능성과 전망을 가질 수
있게 되었다. 나아가 나현에게 소녀성 산업은 '어중간한' 공부
나 취업, 혹은 시집가서 애나 키우는 일 외의 다른 전망을 가
능하게 한다. 나현은 자신의 진로가 소셜 미디어를 통해 본격
화되었다고 말했다. 소셜 미디어의 소녀성 산업은 나현에게는
삶의 터닝 포인트를 만들어준 것이다.

　이 새로운 전망은 패션 뷰티 영역에 대한 로망에서 등장
한바, 이곳은 한국의 경직된 입시 환경과 10대 여성 사이에서
'즐거운 직업'으로 부상하고 있는 영역이다. 이는 비단 한국
10대 여성에게만 국한된 현상은 아니다. 맥로비는 신자유주
의 노동 체제가 '창조 노동'으로 전환되는 가운데 영국의 패
션, 음악, 미디어 등 문화산업에 복무하고자 하는 젊은 세대
여성들이 등장하는 현상에 주목한 바 있다.[1] 그에 따르면 신
자유주의 문화산업이 강조하는 창조성은 자기 모니터링, 자

1　Angela McRobbie, *Be Creative* (Cambridge: Polity), 2016.

기 규제 메커니즘의 한 종류로 작동하는데, 특히 창조성에 대한 열정 장치가 빛을 발하는 곳이 바로 패션 산업이라고 한다. 이와 비슷하게 소녀성 산업에서 10대 여성은 무임 혹은 저임임에도 가능성 있는 전망에 대한 기대와 희망, 성공을 위한 열망에서 소녀성 산업에 적극적으로 진입하고 있다.

소녀성 산업에 열정적으로 복무하는 10대 여성은 다양한 지역 출신으로 포진되어 있다. 이들은 어릴 때부터 미디어와 소비문화 산업 속에서 자란 세대다. 특히 서울을 중심으로 형성되어 있는 각종 소비문화 산업의 소식을 전국에서 인터넷으로 실시간 접근이 가능해지면서 점차 패션 뷰티를 중심으로 하는 소비문화 산업의 진입 장벽이 낮아지고 있으며, 이 장에 대한 직업적 전망은 더 많은 10대 여성에게 확장되고 있다. 예컨대 이 연구의 참여자 중 '페북 스타', '뮤즈 모델'인 은진(서울)을 제외하고 경현(대전), 나현(대구), 다정(광주) 모두 지역 출신이며, 현재 '페북 스타'로 이름을 알리고 있는 10대 여성 중에도 서울과 비서울 간 지역 격차는 없다고 보는 편이 맞다.

소녀성 산업에 미래 전망을 걸고 있는 10대 여성 간의 지역 격차는 점차 좁혀지고 있지만, 부모의 문화적, 경제적 자본은 소녀성 산업에 본격적인 진입 여부에 영향을 미치는 것으로 보인다. 패션 뷰티 영역에서 일하고자 하는 수많은 10대 여성은 대체로 명문 대학에 진학해서 사회적 지위가 높은 직업을 갖고자 하는 경우보다 부모의 경제적, 사회적 지위가 상대적으로 높지 않고 자신들 스스로도 공부에는 별 흥미가 없는 축에 속한다고 말한다.[2]

따라서 어렵게 수능을 치러 대학을 진학했을 때, 그리고 이를 위해 지금의 시간을 유예했을 때 얻을 수 있는 것과 지금 당장 현장에 뛰어들었을 때 얻을 수 있는 것이 크게 다를 거라고 생각하지 않는다.[3] '개천 용'이 불가능해진 시대, 부모의 경제적, 문화적 자본이 자녀의 대입에서 가장 큰 경쟁력이 된 사회에서는 어쩌면 합리적인 선택일지 모른다.

패션 뷰티 영역에 대한 10대 여성의 열망과 그들의 디지털 노동을 동원하고자 하는 기업들의 이해가 맞아 떨어지면서 '뮤즈 모델', '서포터즈' 같은 새로운 형태의 무임 노동 영역

---

2   필자가 만난 10대 여성 가운데 자율형 사립고등학교나 인문계 고등학교에 다니는 여학생보다 특성화고에 다니는 여학생들이 거주지나 부모의 직업 등으로 미루어 봤을 때 중간계급이거나 그 이하인 경우가 많았고, '페북 스타'이거나 '뮤즈 모델'의 경험이 있거나 지금 그러한 지위에 있는 10대 여성은 대체로 특성화고에 다니는 경우가 더 많았다. 인문계 고등학교에 다니더라도 공부와 대학 진학의 필요성을 별로 느끼지 못하거나, 패션 뷰티 영역에서 성공하고자 하는 열망을 가진 경우는 부모로부터 대학 진학이나 성적 관리에 관한 통제에서 다소 자유로운 경우였다.

3   민가영은 10대 여성의 가출 문화에 대한 연구에서 이들의 '비유예'에 대해 이야기한 바 있다. 고등학교를 졸업하기 위한 시간과 견딤이 그 이후의 미래를 보장해 주지 않을 뿐더러 바로 지금 상품성 높은 '어린 몸'을 가진 10대 여성에게는 집이나 학교에 묶여있기보다 집과 학교 밖으로 나가는 것이 더 효율적인 선택이 된다. 민가영, 「신자유주의 시대 신빈곤층 10대 여성의 주체에 관한 연구」, 이화여자대학교 여성학과 박사학위 논문, 2008.

이 만들어진다. 소녀성 산업에 복무하는 것은 그들에게 착취라기보다 '배움', '학습', '공부', '미래를 위한 포트폴리오'의 일환으로 여겨진다.

> 그냥 마케팅에 관심이 없었는데, 요즘 뭐 페북으로 SNS 마케팅이라고, 앞으로도 전망이 좋을 거고. SNS 하면, 약간 자신이 있잖아요. 약간 전파력이 있으니까. 이쪽으로 나가면 좋겠다 싶었거든요. 대학교도 마케팅학과 붙었는데 뭔가 이론보다 실습이 좋을 거 같아서. 그냥 회사 다니게 됐어요. 말하자면 그냥 낙하산인데 지금 언론 회사, 언론 겸 마케팅 회사, 한국경제TV. 본사는 아니고. 그쪽에서 일해요. 그니까 그 소개시켜 준 사람이 OOOO[의류 쇼핑몰] 광고 대행사 거기 있던 사람인데, 니도 SNS에서 조금 유명하고 우리한테 도움될 거 같으니까, 좋은 기회 있으니, 여기 와서 일해보라 해서 지금 배우고 있는데, 나름 빨리빨리 습득하고 있으니까 거기서도 좋아하셔요.(나현)

나현은 물질적 보상을 넘어 자신의 커리어 전반에 관한 전망을 소셜 미디어에 두고 있다. 나현뿐 아니라 경현과 다정, 은진 등 소녀성 산업에서 일하고 있는 10대 여성은 '뮤즈 모델'이라는 공통적인 경험이 있다. 이 경험을 통해 소셜 미디어 마케팅이 얼마나 가능성 있는 장인지, 또래 네트워크에서의

〈그림 6〉 10대 여성 의류쇼핑몰 'OO' '뮤즈 모델' 모집 포스터

유명세가 어느 정도의 영향력을 가지는지 확인한 바 있다. 이
같은 경험에서 이 여성들은 보다 확고하게 자신의 전망을 소
녀성 산업에서 찾게 되었다. 그리고 그 일을 통해 받는 돈이
저임이거나 무임이라 하더라도 '경험', '공부'로 의미화된다. 이

같은 이유로 10대 여성은 소녀성 산업에 참여하는 것 자체로 자신의 미래를 준비하고 있다고 생각하고 시간과 노력을 투자한다.

10대 여성이 놀이의 즐거움, 또래들과의 연결 등의 이유로 소셜 미디어에 참여하지만 종종 분명한 물질적 보상을 기대하는 참여 활동을 하기도 한다. 이런 경우는 주로 상업적 홍보라는 명확한 의도에서 기획된 것으로, 이용자한테 특정한 행동을 유도하기 위한 것이다. 소셜 미디어가 동시대의 효과적인 광고 매체로 거듭나면서 소규모 음식점에서부터 대기업에 이르기까지 상업 주체들은 자신의 상품을 더 많은 사람에게 알리고자 소셜 미디어상에서 경품 이벤트를 연다. 경품 이벤트는 고전적인 마케팅 방식이지만, 그 방식은 소셜 미디어적으로 바뀌었다. 인증 사진이나 '좋아요', 몇 회 이상의 친구 인맥의 '공유 수' 등이 그것이다.

인증 사진이나 '좋아요', 친구들에게 공유하는 일처럼, 10대 여성이 물질적 보상에 대한 어떤 기대 없이 하는 소셜 미디어 참여 활동이 상업적 영역에서는 경품 비용을 훨씬 상회하는 정도의 가치가 있다는 의미로 해석해도 무방할 것이다.

떡볶이 가게 가가지고 이제 행사 같은 거 보면, '지금 드신 떡볶이 사진 찍어 올려서 페북에 올리셔서 좋아요 50개 받으시면 다음에 올 때 쿠폰을 드린다'거나 그런 이벤트가 있어요. 그럼 또 친구들이 공짜로 먹으려고 그거 찍어서 올리는 경우도 있고. 50명 태그 눌러서 '야, 좋아요 좀 눌러줘!' 이러고. 할인할 수 있는 그런 것도 있고.(혜민)

친구랑 같이 뭐 먹으러 오면 사진 찍어서. 그것도 올리는 게 음식점 이벤트거든요, 이벤트. 콜라주는 거.(지운)

기본적으로 10대 여성은 '좋아요' 누르기나 '인증 사진' 찍기 등을 어려운 일이나 성가신 일이라고 생각하지 않는다. 평소에 이 같은 활동은 기본적으로 노는 것, 친구들과 어울리기의 성격을 띠는 것이기 때문이다. 게다가 성인들과 달리 노동할 기회와 권리가 제한적인 10대 여성은 성인과 마찬가지 수준으로 활짝 열린 소비시장에서 부모로부터 받는 용돈이 제한적이라고 느낀다.[4] 이런 상황에서 소셜 미디어에서의 협찬 광고 의뢰는 10대 여성을 디지털 노동으로 이끄는 데 확실한 유인책으로 작동한다.

---

4   "돈이 없어서, 아, 돈이 없으면 알바를… (뭐 하다 돈이 모자라는데?) 애들이랑 놀다 보니까. 나이가 들수록 나에게 필요한 건 많아지는데. 나이가 들수록 화장품도 사야 되지, 옷도 사야 되지, 양말도 엄마가 사주는 거 맘에 안 들지. 가방, 머리끈, 렌즈, 귀걸이, 피어싱. 할 게 너무 많은 거예요. 시계, 팔찌, 목걸이. 사고 싶은 건 많은데 돈은 없고. 저희 집 엄마가, 아빠가 용돈 잘 안 주시거든요."(수영)

미성년자인 10대 여성이 아르바이트할 수 있는 곳은 전단지 배포나 패스트푸드점 아르바이트 정도에 국한된다. 그런데 소셜 미디어에서는 '좋아요'나 '인증 사진'과 같이 평소에 소셜 미디어에서 즐기면서 늘 하던 일을 통해 화장품이나 옷 혹은 용돈을 얻을 수 있다. 소녀성 산업의 디지털 노동은 10대 여성에게 '아르바이트'라기보다 그냥 늘 하던 셀카를 찍는 것, 화장을 하고 새로 산 옷을 입어보는 즐거운 놀이를 하면서 '공짜로' 돈이나 옷, 화장품을 받는 신개념의, 아르바이트 아닌 아르바이트인 것이다.

　이는 보통 10대 여성이 아르바이트할 때 받는 시급과 노동 강도에 비하면 훨씬 나은 조건으로 여겨진다. 좀 예쁜 얼굴과 좋은 몸매, 화장술 혹은 그러한 모습으로 스스로를 드러낼 수 있는 감각이 있다는 이유로 공짜로 얻을 수 있는 것이 많은 것이다. 게다가 협찬으로 받는 화장품이나 옷 등은 아르바이트를 해서라도 사고 싶은 것이기 때문이다.

　　부럽죠. 공짜로 받는 게 좋으니까. 그리고 싶기도 하고. 지금은 좀 하기 힘드니까. 인기 많다고 부러운 건 아니고. 그게(팔로워) 진짜 친구들도 아니고… 공짜로 받는 게 전 제일 좋아요.(연경)

　　(나현이는 학생 때 페북으로 알바 하는 거 어땠어요?) 그

냥 돈만 준다. 왜냐면 그때 50만 원 준다 하면, 제가 카페 알바 한 달 해도, 한 달 해야 받는 돈 50만 원, 근데 한 달에 열 건만 올리면 50만 원 줄게 하면, 저는 고맙거든요. 그래서 아무 생각 없이, 그냥. 옷도 주고 돈도 주고 하니까, 그냥. 아무 생각 없이 그냥 올리고. 50만 원 들어오면 아, 좋다. 거기서 끝. 지금 너무 후회해요. 그래서 지금도 계속 OO스킨 대표한테 그때 왜 그렇게 적게 줬냐고. (지금 고등학생들도 나현이 때랑 똑같이 받아요?) 네. 약간 나이 어린 애들이니까 50만 원 주면 감사하다고 하거든요. 저도 그때 그래서 한 거고. 지금 50만 원 준다고 하면 전 안 할 거지만 그래도 애들은 하거든요. 열심히 하고, 애들은.(나현)

나현이의 설명대로 10대가 아르바이트를 해서 벌 수 있는 돈은 한계가 있다. 한국 사회에서 10대는 공식화된 노동력으로 인정받지 못하며, 따라서 최저시급 정도를 보장받으면 행운일 정도로 저임의 노동력으로 착취되기 십상이다.[5] 이런 실정에

---

5 한국에서 청소년들의 아르바이트 비율이 점차 증가하고 있으며, 그만큼 청소년들의 노동 환경이 높은 노동 강도와 부당한 대우 등에 노출되어 있다는 사회적 관심이 최근 대두되고 있다. 대표적으로 서울연구원의 「서울시 청소년 아르바이트 실태」 보고서에 따르면, 조사에 참여한 168명의 청소년 중 가장 많이 경험한 아르바이트 업종이 음식점(34.2%)으로 나타났다. 다음으로는 노동 강도가 강해 20대가 기피하는 '뷔페·연회장·웨딩홀'과 '패스트푸드점'이 각각 20.3%와 13.9%로 많았다. 청소년들이 주로 일하는 웨딩홀, 패스트푸드점은 단체 고

서 카페에서 '한 달 내내' 매일같이 아르바이트를 해도 받을
수 있는 돈은 50만 원 가량이다. 이에 반해, 나현의 표현을 빌
자면, '아무 생각 없이' 사진을 올리기만 하면 '그냥' 옷도 주
고 돈도 주는 디지털 노동은 '고마운' 일이다. 물론 이 노동은
사진 한 장을 올리는 데 투여되는 긴 시간과 일정한 수준으
로 외모를 유지하기 위한 일상적 자기 규제라는 노동력이다.
하지만 그 같은 노동은 10대 여성의 또래 문화에 통합되어
있는 것이기도 하다. 10대 여성에게 디지털 노동의 대가로 주
어지는 것은 '그냥 공짜'로 뒤따르는 것으로 여겨진다.

하지만 '고마운' 디지털 노동에 대한 인식은 고등학교를
졸업하고 성인이 되면서 달라지기 시작한다. 소녀성 산업에서
10대 여성의 노동은 제대로 된 임금 대신 화장품이나 옷 등
으로 보상받거나 임금을 받는다고 해도 저임인 경우가 다수
다. 미성년이라는 지위 탓에 저임과 턱도 없는 수준의 계약금
을 받기도 한다.

이 연구를 하는 동안 고등학생에서 스무 살이 된 나현은

객의 방문·대량 주문이 자주 일어나기 때문에 청소년 아르바이트생에게 요구되
는 연장 근로의 강도가 강한 편이다. 그러나 연장 근로를 했던 청소년 중 61.9%
가 연장 근로를 했음에도 그에 해당하는 임금을 받지 못한 것으로 드러났다.
부당 대우를 받은 청소년의 비율은 58.2%로, 부당 대우의 주요 항목은 임금
체불(43.2%), 휴식 시간 미부여(28.4%), 과도한 근로시간(19.3%)이 있었다. 또
폭언 및 인격적 모독(5.7%)이 뒤를 이었다. 서울연구원, 「서울시 청소년 아르바
이트 실태」 (서울연구원, 2015).

고3 때까지 자신이 임금을 '너무 싸게' 받고 일했다는 사실을 알고 억울해했다. 하지만 성인이 되고 마케팅 회사에 취업해 10대 페북 스타를 관리하는 지금은 생각이 좀 다르다. 고3 때 받았던 임금은 그것이 아무리 저임이라고 해도 당시 자신과 같은 미성년자가 아르바이트를 하고 받을 수 있는 돈에 비하면 많은 돈이라고 생각한다. 10대 여성은 이 같은 이유로 저임, 혹은 상품을 대신 받는다는 사실만으로도 만족한다. 또한 10대라는 또래 연령대에서 아무나 할 수 있는 흔한 경험이 아니라는 점이 보상 심리로 작동하기도 한다.

> 고등학교 때는 화장품 받고 이러니까, 다른 애들은 돈 주고 사야 되는데 저는 이렇게 받을 수 있으니까 다른 애들이 부러워할 수도 있잖아요. 이제 페이를 받다 보니까 고등학교 때부터 페이를 받게 된 계기부터 용돈을 안 받게 됐어요, 집에서. 그래서 그게 제일 금전적으로는 비중이 엄청 컸어요. 다른 애들은 맨날 일하고 해야지 돈 버는데 저는 그냥 사진 올리고 하면 되니까. 좀 뭔가 자신감도 생기고.(다정)

> 뮤즈 모델도 막 지원할 때 거기다 써요, 사장님들이. 우리 쇼핑몰에 적립금을 몇만 원을 줄 테니까, 이걸로 너희들이 찍고 싶은 옷을 사서 시키면 우리가 보내줄 테니까, 그걸

로 사진 찍고 올려라. 나이가 어리면 일단 알바 할 수 있는 데가 많지 않잖아요. 저도 처음에 피팅 모델 제안 들어오기 전에 피팅 모델 지원을 하고 싶었어요. 그냥 알바 할 겸. 그래서 그렇게 하려고 했는데 다 나이 제한도 있고. (스무 살?) 네.(경현)

다정 역시 다른 친구들에 비해 자신은 친구들이 하는 종류의 노동을 하지 않아도 돈을 벌 수 있다는 사실을 자랑스럽게 생각한다. 자신감도 생겼다. 다정은 또래들이 하는 아르바이트는 노동이지만 자신이 하는 것은 '사진 올리는 것'이라고 구분한다. 다정이 자신의 일을 전통적인 노동과는 다른 것으로 여기는 이유는 우선은 이 일이 기존 일의 범주에 속하지 않는 새로운 형식의 것이기 때문이다. 또한 아르바이트로는 얻을 수 없는 '자신감'과 '부러움', '인지도' 같은 것이 뒤따른다고 생각하기 때문이다.

일정 기간 동안 특정 쇼핑몰에 소속되어 '뮤즈 모델'[6] 일

6 뮤즈 모델이 하는 일은 자신이 협찬받은 옷을 입은 채 자신의 일상을 업로드하는 것이다. 협찬받은 옷에 대한 광고 멘트나 쇼핑몰 주소를 기재해야 하긴 하지만, 그보다는 일상적인 게시물의 형태를 띠기 때문에 딱히 광고라는 느낌을 강하게 주지도 않는다. 따라서 뮤즈 모델은 10대 여성에게 아무런 저항 없이 접근할 수 있을 뿐 아니라 특정 쇼핑몰이나 제품의 뮤즈 모델은 한두 명이 아니라 훨씬 많은 숫자로 구성되어 있기 때문에, 마케터 입장에서는 이 모든 뮤즈 모델의 소셜 미디어 인맥을 광고에 동원할 수 있다는 점에서 더욱 매력적이다.

을 경험한 경현은 이 일을 '꿀 알바'라고 생각한다. 필요한 신상 옷을 공짜로 받을 수 있기 때문이다. 경현은 또래에서 소위 '뮤즈 모델'을 선망하는 이유를 크게 두 가지로 꼽는다. 다른 아르바이트처럼 힘들거나 시간을 많이 쏟는 것 같지도 않을뿐더러, 또래 네트워크에서 주목과 평판까지 얻을 수 있기 때문이다. 이들에게 화장품이나 옷 등의 현물을 협찬받는 것은 노동의 대가이지만 혜택으로 여겨진다. 그리고 이를 통해 얻는 또래의 부러움은 더 중요한 요소다.

즉 뮤즈 모델이라는 광고 전략은 10대 여성의 일상적 자기 전시 문화와 자신보다 조금 더 예쁘거나 감각 있다고 여겨지는 또래를 훔쳐보고 벤치마킹하고자 하는 10대 여성의 또래 문화를 상업적으로 활용하고 또 독려하고 있다.

임시적, 일시적, 한시적인 '소녀성' 커리어

소녀성 산업의 핵심 영역인 '패션 뷰티' 분야는 특히 10대 시기의 여성들에게는 일탈이나 학생다움을 위반하는 것, 학업을 방해하는 요소로 여겨져 왔다. 하지만 패션 뷰티 영역은 '창조경제'와 '열정 노동'과 같은 네트워크 사회의 노동 레짐 속에서 10대 여성에게 보다 적합한 커리어 영역으로 부상하고 있으며 특성화고를 중심으로 그 저변을 넓혀가고 있다. 이는 "끼를 발견하고 미래에 대한 꿈을 키우고 실패를 두려워하지 않고 도전하여 새로운 일자리를 만들어내는"[1] 신자유주의 노동개혁 일환으로 마련된 것으로, 창조경제에 관한 정부 정책의 커다란 우산 속에 놓여 있다. 특히 젊은 세대 여성을 중심으로 '패션 뷰티 크리에이터'와 같은 방식의 1인 미디어 기

---

1   2013년 8월 6일 정부가 발표한 「창조경제를 견인할 창의인재 육성방안」.

업가들이 출현하는 현상, 그들 중 일부가 거둔 성공은 패션
뷰티를 단지 소비 영역이 아닌 창조경제의 창의적 노동 영역
으로 전망해도 좋을 것 같은 인상을 주었으며, 무엇보다도 이
새로운 영역이 좋은 대학, 전문성 있는 직업으로 이어지는 기
존의 공고한 노동 시장 밖에서 등장한 전망성 있는 노동시장
으로 보게 했다는 점이다.

소녀성 산업은 10대 여성에게 '소녀성'에 대한 욕망과 실
천을 통해 자기계발과 자기관리, 나아가 커리어의 영역으로
나아가는 방편의 하나로 인식되고 있다. 이를 체현하고 있는
대표적 모델이 '페북 스타'일 것이다. 인터넷상에서 입소문을
타고 유명해진 인플루언서들의 탄생 이야기는 이들이 다루는
내용을 전문화된 영역으로 이해하게끔 만든다. 화장하고 성
형하는 것이 여성다움, 여성의 일로 여기기보다는 프로페셔
널한 영역으로 이해되는 것이다.

그런데 10대 여성들이 소녀성 산업에 참여하게 된 배경,
즉 소녀성 산업의 마케팅 기업이나 상품 판매 기업이 자신들
의 유통망, 생산의 주체로 10대 여성을 주목하고 발탁한 데
는 사실상 성별과 연령의 중첩적인 특수성이 있다. 노동권이
보장되지 않는 '미성년'이라는 지위와 소비시장의 성별 분업
에서의 '여성'적, 즉 '소녀'적 역할을 맡는 10대 여성의 디지털
노동은 저임이나 무임의, 그리고 '어림'의 시기에 국한된 임시
적인 노동력으로 동원된다.

이는 노동할 권리를 보장받지 못하는 '미성년'이라는 법적 지위와 이 때문에 발생하는 이들의 노동력에 대한 저평가, 그리고 놀이 문화에 기반해 있는 이들의 디지털 노동에 대한 저평가에 기인한다. 미성년이라는 법적, 사회적 지위는 이들이 소비시장의 소비자로서일 때에만 예외적으로 자유를 누리게 하며, 비록 생산자로서 이 장의 주체로 참여하게 된다고 하더라도 부차적이고 대체 가능한 방식의 제한된 역할을 맡게 한다. 페북 스타들이 말하고 있듯이, 25세를 넘어가면 페이스북 마케팅 시장에서 이들은 퇴출 수순을 밟는다. 소셜 미디어에 10대 여성 이용자들은 계속해서 진입하기 때문에 이들의 자리는 금세 대체된다. 결과적으로 10대 여성은 소녀성 산업에서 주로 소모적으로 활용된다.

또래 네트워크에서 '소녀성'은 10대라는 세대 특수성에 기대어 있기 때문에 10대 후반, 20대 초반의 것으로 여겨진다. 경현은 페북 스타로서의 생명이 '스물서넛' 정도라고 생각한다. 10대 여성이 더는 같은 또래로 여기지 않는 20대 중반을 넘어선 나이가 되면 그들의 계정은 또래 네트워크에서 마케팅 도구로 활용될 정도의 유명세를 점차 잃기 시작해 결국 개인 소통의 장으로 바뀐다. 소녀성 산업의 간판 인물인 '페북 스타'는 '어림'과 그 또래의 네트워킹에 기반하고 있기 때문에 예외 없이 모든 10대 여성은 그 특수성에서 점차 멀어지게 된다. 따라서 '페북 스타'라는 지위는 지속 가능한 노동

영역이 될 수 없다.

> 요즘에는 막 옛날에는 한OO이 그 언니가 지금 스물서넛
> 됐을 거예요. 이제 사람들이 그런 사람들보다 김OO, 신
> OO, 장O현 언니? 이렇게 낮아지는. 지금 따져도 홍OO
> 언니랑 김O빈이랑 따지면 요즘에는 김OO (김OO은 고
> 3인가?) 네. 신OO이랑 김OO이랑 김OO도 저랑 동갑일
> 거예요. (그럼 이전 페북 스타들은 인기 없어요? 페북으로
> 뭐해요?) 그냥 소통.(경현)

소녀성 산업이 10대 여성을 동원하는 과정에서 그들의 노동
은 아르바이트 혹은 전망 있는 커리어의 가능성으로 제시된
다. 그러나 살펴본 바와 같이 10대 여성이 소녀성 산업을 기
반으로 성공할 확률은 매우 희박하다. 10대 여성이 '페북 스
타'나 '얼짱'으로 작은 성공을 맛보고 있는 소녀성 산업은 위
계화되어 있다. 돈을 버는 사람들은 따로 있다. 소녀성 산업에
서 10대 여성이 수행하는 일은 사실상 핵심적이지만 제한적
인 역할을 맡게 된다. 그리고 대부분의 사회적, 경제적 이익이
마케팅 기업이나 상품 판매 기업으로 흘러가는 가운데 다분
히 소모적인 역할을 수행한다. '얼짱' 혹은 '페북 스타'로 수년
간 이름을 날리던 10대였던 숱한 여성은 이미 일반 이용자로
되돌아갔다.

실상 이 영역이 커리어가 되려면 콘텐츠 생산이나 확산뿐 아니라 상품 생산 기업과의 네트워킹이나 콘텐츠 생산 및 유통 전반의 조직화에 대한 노하우가 필요하다. 10대 여성은 그것을 익힐 수 없는 위계적 구조에 놓여 있다. 따라서 독자적으로 이것을 해내는 경우는 아주 희소하며, 성인이 되어서도 계속 고용 상태로 있게 되지만, 이것 역시도 길어봤자 20대 중반 정도로 한시적이다.

> 이게 딱 대중화가 되고 사람들이 많이 알기 시작한 게 일년 정도 됐어요. 그때부터 제가 설 자리가 없어요, 이제. 진짜로 뭘 해야 될지 모르겠어요. 고민 중이에요. (아, 근데 왜 사례 G 대표랑은 더 일 안 해요?) 자연스럽게? 그냥 뭐 [사례 G의] 회사도 [광고가] 아직 들어오는 게 없고 그냥 화장품 다른 시즌 준비하고 있고, 지금 또 뭐 하고 있는 것도 없고 하니까. (그럼 그냥 연락은 해요?) 연락은 안 해요.(다정)

사례 G는 나와의 인터뷰에서 자신의 사업 성공 단초의 대표적 인물로 다정의 사례를 언급하며 자신의 회사 뮤즈 모델로 더 키우고 학업도 지원하겠다는 포부를 밝힌 바 있다. 이후 페이스북을 통해 다정에게 연구에 참여해 달라고 요청하게 된 이유도 사례 G와의 면접에서 인상 깊은 사례로 여겨졌기 때문이었다. 내가 다정을 만난 것은 사례 G를 만난 뒤 1년쯤 뒤였다. 이때 다정은 더는 사례 G와 함께 일하고 있지 않았다. 여전히 사례 G는 업계에서 잘 나가고 있었다. 화장품 개발에도 박차를 가하고 있었고, 10대 여성을 고용해 콘텐츠 생산을 맡기고 있었다.

다정이 더는 사례 G와 함께 일하지 않게 된 데는 그녀의 변화한 조건에 있었다. 사례 G의 입장에서 다정은 대학 생활을 시작한, 그래서 고등학교 때만큼의 시간을 낼 수 없는 성인이 되었다. 사례 G는 다정의 시간에 통제력을 행사하는 것이 점차 쉽지 않게 되었고, 결국 다정은 10대 때와 같이 저임에 고효율로 활용할 수 있는 매력적인 노동력에서 멀어졌다. 사례 G가 더 많은 수익을 얻기 위해서는 콘텐츠 생산자인 10대 여성에게 지급하는 고정비는 저임으로 유지되어야 하기 때문이다.

다정은 고등학교 때 미용과에 재학 중이었다. 사례 G의 회사에 페북 스타로 소속되어 일하면서 졸업 후에도 당시 자신이 하는 일과 비슷한 일을 하게 되리라고 생각했다. 고등학교에서 전공하고 있는 미용과 동떨어진 분야가 아니었기 때문에 경력을 쌓고 있는 거라고 생각했다. 하지만 고등학교를 졸업하고 전문대학 미용학과에 진학한 이후 과 특성상 실습과 과제가 많았고 고등학교 때보다 바빠졌다. 다정이 페이스북에 충분한 시간을 쏟지 못하자 사례 G가 요청하는 일은 점차 줄어들었고, 결국 그만두게 되었다. 고등학교 때 처음 사례 G 회사에 소속된 이후부터의 이야기를 들려주던 다정은 "이제 진짜로 뭘 해야 할지 모르겠다"고 말했다.

결국 소녀성 산업이 관심 있는 것은 실시간으로 제공될 수 있는 10대 여성의 화수분과 같은 시간과 아이디어, 그리고 또래 네트워크다. 소녀성 산업에서 10대 여성이 노동력으로 활용할 수 있는 조건을 벗어났을 때, 그들을 위한 어떠한 고용 지속성이나 안정성도 작동하지 않는다. '기회'로 여겨지는 소녀성 산업은 결국 임시적이고 일시적인 아르바이트의 기회 정도를 제공하고 있었을 뿐이다.

> (페북 활동은 고등학생이 더 적합하다고 생각해요?) 네. 너무 바빠요. 아님 대학 안 간 애들. 대학 안 간 애들은 활동 범위가 넓고 기회가 많아요.(다정)

> [팔로워 22만의 페북 스타인 고3 여성인] 걔는 졸업하고 백수한대요. 걔도 약간 대책 없이 사는 애 같은데. 페북 하는 애들 다 그런 거 같아요.(나현)

소녀성 산업에서 페북 스타로서의 성공과 그것을 지속하는 일은 많은 시간을 쓸 수 있는 경우라야 겨우 가능하다. 다정과 나현이 이야기하듯이, 소녀성 산업에 적합한 인물이 '대학 안 간 애들'이다. '페북 스타'로 지금 명성을 날리고 있는 10대 여성 대다수는 고등학교 졸업 후 자발적 '백수'를 계획하고 있거나 현재 '백수'다. 이는 '페북 스타'라는 지위의 유지 요건이 바로 시간임을 알려준다. '페북 하는 애들 다 대책 없이 사는 것 같다'는 나현의 이야기는 그만큼 '페북 스타'로서의 명성과 생활을 유지하려면 '대책 없이 사는 것'처럼 보일 만큼 많은 시간을 페이스북에 쏟아야 한다는 것을 의미한다. 소녀성 산업은 10대 여성의 틈새 시간, 공부하기 싫은 시간, 노동의 의무 없는 미성년자의 시간을 모조리 선점해 쓴다.

젠더화된 노동, 비가시적이고 비공식적인 전망

이들의 디지털 노동은 다분히 가사노동이나 감정노동을 떠올리게 한다.[2] '매력적인' 여성으로서 일상을 수행하는 일 그 자체가 노동이 되면서, 자신이 노동하는 중인지 아닌지를 명확히 구분하기 어려운 일상을 살게 된다. 즉 하루 종일 노동 상

---

2   뉴미디어와 어린 여성의 노동에 관한 페미니스트들의 연구는 디지털 미디어 경제가 가정(가사노동) 영역을 넘어 여성들의 무임 혹은 저임 노동에서 생산된 가치를 효과적으로 확장하고 있음을 논의한다. Kylie Jarrett, *Feminism, Labour and Digital Media: The Digital Housewife* (London: Routledge, 2016).

태에 있는 것이다. 가사노동은 대표적으로 숙련성이 수반되어야 하는 24시간 대기 노동이다. 가사노동처럼 일상적 노동성 때문에 그것이 '노동'이라는 점은 비가시적인 것으로 보인다.

이와 비슷하게, 페북 스타들의 소녀성 수행은 비공식 부문의 노동이다. 디지털 노동은 노동과 비노동이 중첩되어 있는 상시적인 노동을 하는 가운데 외모는 물론이고 성격, 소통 방식 등 자아에 대한 규제를 요구한다. 즉 여성성을 전시할 수 있는 방식으로 일상과 몸을 스스로 검열해야 하는 일, 그것이 노동의 내용이다. 페북 스타들이 매력적인 여성으로서 수행해야 하는 일 그 자체가 노동이기 때문에 그것은 '노동'으로 잘 인식되지 않는다. 단지 개인의 기호, 취향, 선택 등으로 여겨진다. 이에 따라 저임이나 불안정한 노동에서 발생하는 책임은 전적으로 개인에게 전가된다.

페북 스타인 다정과 나현이 일상적으로 받는 스트레스와 불안감의 원인, 그리고 자기검열의 요인은 외모로 귀결된다. 전통적인 노동에서는 작업장과 일상이 분리되어 있으며, 노동자의 정체성은 일상이나 사적 공간보다는 일터에서 수행하도록 요구된다. 10대 여성에게 가하는 외모에 대한 비난은 그들이 '페북 스타'로서 노동을 지속하는 데 위험 요소가 된다. 디지털 노동을 성공적으로 해낼 능력에 대한 비판이지만, 그것은 결국 '여성'으로서의 자아에 관한 공격이자 비난으로 받아들여진다.

저를 싫어하고 질투하고 시기하는 애들은 '걔 못생겼어' 이러고. 상처받은 적도 엄청 많아요. 왜냐면 그냥 몰래 저를 찍어가지고 올리고. '아, 이거 보라고. 실물 보라고' 이렇게 올리고. 그런 거 때문에 막 밖에 나가기 싫었어요. 저도 맨날 방에 있고 막 사람도 만나기 싫고 맨날 방에 있었어요. 왜냐면 그렇게 비추어왔던 내 사진과 동영상들이 실제로 보면 쟤가 나를 싫어하고 실망할 수도 있다는 생각이 막 드는 거예요.(다정)

제가 사람 많은 걸 부끄러워하거든요. 약간 그런 게 있다 보니까. '쟤, 걔 아니야?' '아니야, 아니야.' 아예 알아봐주면 고마운데 긴가민가하면서, '아니야, 아니야' 하면서 그러면, 맘 상해가지고. 나 맞는데. 그래서 약간 제가 맘 상해 할까 봐 사람 많은 데를 잘 안 가요. 요즘은 괜찮은데, 유명해진 게요, 처음에 정말 싫었는데. 고등학교 다닐 때 언니들이 내려와서 '쟤가 걔야?' 하면서 띠꺼운, 진짜 띠꺼운 시선. 그게 너무 스트레스 받고 싫고. 뒤에서 약간 말이 많이 나오잖아요. 뭐 하나만 잘못해도. 그게 너무 싫었는데, 지금 오히려 감사하죠. 제 진로를 확 바꾼 거죠.(나현)

소녀성 산업의 10대 여성은 소녀성을 수행하는 것으로 여겨지는 '여성됨'을 통해 임파워되기도 하고, 성공의 기회를 찾기도 하고, 동시에 실패를 맛보기도 한다. 이는 소녀성의 체화를 스스로에게 일종의 프로젝트이자 자기경영의 대상으로 여기도록 한다. 소녀성 그 자체가 자기계발의 척도가 되는 것이다. 이는 개인성을 쥐어짜는 창조경제의 성별화된 노동 주체에 관해 말해준다. 다시 말해 이는 동시대 경제에서 10대 여성이 어떤 영역에서 일할 것인지, 무엇을 통해 스스로를 노동 주체로 인식하고 생계를 꾸릴 수 있을 것인지 같은 노동의 전망이 성별화된 정체성의 수행과 불가분의 관계에 있음을 보여준다.

소녀성 산업은 데이터를 효율적으로 통제할 수 있는 소셜 미디어 플랫폼과 결합되어 있는 까닭에 10대 여성을 성별로 분리된 불안정한 노동 세계로 손쉽게 인도할 수 있다. 주로 프리랜서 형태를 띠고 어림, 젊음의 연령적 특수성에 기반한 일이라는 점에서 여초 직군인 서비스직과 비슷하다. 물론 지금 10대 여성의 디지털 노동은 '가시적'이고 화려하다. '크리에이터'로서의 1인 미디어, 1인 기업가가 되라는 사회적 독려의 분위기 속에서 외견상 전통적 여성들의 돌봄 노동이나 서비스 노동에 비해 전문적인 영역에 있는 것처럼 보인다. 하지만 성별 분업과 노동의 불안정성은 그대로 유지되고 재생산된다.

소녀성 산업은 10대 여성에게 새롭고 '크리에이티브'하다고 여겨지는 새로운 직업 전망을 제공한다. 하지만 안전망이 부재하고, 노동 지속성이 적은, 구조화되지 않은 노동시장을 형성한다. 소녀성 산업이 동원하는 디지털 노동은 점차 확장되는 추세이지만 이 안에서 10대 여성은 일정한 때가 되면 교체되는, 사용 주기가 정해진 톱니바퀴로 발탁된다. 그럼에도 소녀성 산업이 기반하는 매혹적인 소셜 미디어 문화와 '패션 뷰티 크리에이터'라는 창조적 커리어 영역에 대한 로망은 10대 여성에게 실제적인 '열정'을 불러일으키고, 그 안에서의 노동 참여로 임파워되고 있다.

10대 여성이 소녀성 산업에 참여하는 일은 주로 젊은 세대를 중심으로 한 디지털 노동이라는 커다란 범주에 속한다. '창의성과 열정, 자기혁신과 성공적인 미래와 같은 긍정적 가치'가 강조되고, 개인의 실리적 이해관계와 문화적 열정을 추구하는 가운데 이루어진다. 이 같은 특징은 디지털 노동에 공통적으로 나타나는 속성이다. 그런데 10대 여성의 디지털 노동에는 20대의 디지털 노동을 수식하고자 동원되는 언어, 즉 '문화 생산'이나 '열정 페이' 같은 수사가 붙지 않는다. 대신 '페북 스타'라든가 '얼짱'이라는 개인적 지위로 일컬어진다. 10대 여성의 디지털 노동은 문화적 능력이나 창의성과 같은 디지털 창조경제의 노동 능력이 아니라, 외모나 '10대'들만의 또래 문화 요소에 더 방점이 찍혀 있기 때문이다. 소녀성 산업의 디지털 노동은, 비공식화된 여타의 디지털 노동 영역 중에서도 가장 비가시적이고 비공식적이다.

연령과 성별의 교차 지점에서 만들어진 이 새로운 기회의 노동시장에서 이제까지의 여성 노동에 대한 차별적 요소들은 다시 유지된다. '매력적인' 여성성을 일상적으로 수행해야 하며 저임, 불안정한 노동 조건 또한 지속된다. 무엇보다 소녀성 산업에서 전문성, 능력으로 여겨지는 외모 꾸밈의 기술이나 소비, 이를 통한 또래 네트워킹 등과 이에 따른 열정은 오히려 10대 여성의 향후 노동 전망성에 대한 제한적이고 협소한 선택지로 작동한다. 하지만 새롭고 감각적이며 문화적 열정이 개입된 이 노동시장은 여간해서는 비판적으로 인식되기 어렵다. 이미 오늘날 10대와 청년 세대가 선망하는 커리어가 되었기 때문이다.

　　디지털 경제가 새롭게 창출하고 있는 여성 노동의 공간은 재차 성별화되고 있으며 노동의 임시성과 불안정성을 지속시키고 있지만, 이 같은 문제는 그 화려하고 스타일리시한 외피에 가려 잘 보이지 않는다. 어쩌면 이는 우리 사회에서 10대들이 꿈꿀 수 있는, 혹은 성공에 대한 약간의 희망이라도 품을 수 있는 몇 개 남지 않은 노동의 영역이라는 점을 보여주는 장면일 수도 있다. 10대의, 그리고 오늘날 청년 세대 여성이 자신의 삶의, 노동의 전망으로 삼을 수 있는 사회적 조건이 지금 어떻게 형성되고 있으며 차후 어떻게 구성해 낼 수 있을지에 관한 지속적 고민이 요청된다.

에필로그

내가 만난 소녀들은 그간 대학을 졸업하고 직장인으로 살아가고 있거나 고등학교를 졸업하자마자 결혼해서 아이 둘을 키우고 있거나, 소셜 미디어에서 꾸준히 셀피를 업로드해 평판을 쌓아 스냅 사진작가가 되었다. 페북 스타였던 다정은 미용사가 되었고 경현과 은진은 연락이 끊겼다. 그들이 희망하던 진로대로라면, 경현은 의류 브랜드 매니저, 은진은 메이크업 전문가가 되었을 것이다.

이 중 '페북 스타' 나현은 여전히 인플루언서의 삶을 살고 있다. 그녀는 내가 처음 만났을 때부터 팔로워의 연령층을 확대할 수 있는 전략을 고민하고 있었다. 소셜 미디어로 진로를 정한 이상, 영원히 10대일 수 없으니 20대의 새로운 팔로워를 만들어야 한다는 것이었다. 이를 위해 20대들이 주로 사용하는 인스타그램을 키우고 있다고 말했다. 마침 10대와 20대들이 점차 페이스북을 떠나 인스타그램으로 옮겨가던 때이기도 했다.

일 년 정도 지난 후 다시 만났을 때, 그녀는 이미 인스타그램에서도 꽤 많은 팔로워를 가진 감각 있는 인플루언서가 되어 있었다. 그녀의 인스타그램 피드는 마치 아름다운 모자이크 작품처럼 공들인 티가 역력했다. 처음 만났을 때 일하던 마케팅 회사에서 나와 프리랜서로 몇 개의 소셜 미디어 광고를 하면서 지내고 있다고 했다. 그 과정에서 많은 상처를 입었다고 이야기해 주었다. 자신의 진로를 소셜 미디어로 적극 이끌어주었던 '매니저 오빠'와 수입 배분 문제로 관계가 틀어졌다는 것이다. 고등학교 때부터 페북 스타로 활동하는 내내 자신을 도와주었다고 믿었던 사람이 사실은 자신을 이용하고 있었다는 사실을 최근 들어 알았다고 했다.

이 일을 계기로 나현은 단독자로 소셜 미디어 일을 하기로 했다. 인스타그램에서의 명성 덕분에 그녀는 국내와 중국의 쇼핑몰, 촬영 및 보정 앱 개발 회사로부터 함께 일하자는 제안을 받고 있다며, 다행이라고 웃었다. 그녀의 일상은 여전히 인스타그램에 업로드할 사진을 찍느라 얼굴과 헤어스타일에 신경을 쓰는 시간으로 점철되어 있다. 어디에 가서 사진을 찍을지 고민하고, 촬영한 사진을 보정하고 선별하느라 꼬박 이틀을 보낸다.

사회학자 앨리 러셀 혹실드(Arlie Russell Hochschild)는 대인 서비스 분야 노동에 대한 중요한 연구에서 "직업을 사랑하는 것처럼 보이는 것이 직업의 일부가 된다. 그리고 이를 위해 노력하는 노동자에게 정말로 직업을 사랑하고자 애쓰는 것, 고객과 소통하기를 즐기는 것이 도움을 준다"라고 한 바 있다.[1]

나는 페북 스타는 물론, 소셜 미디어에 몰두하던 10대 여성을 보며 혹실드의 말을 떠올렸다. 소녀성의 디지털 노동을 잘 수행하기 위한 자질의 계발은 여성화된 경험과 지식에 의존한다. 10대 여성은 이른 나이의 소비 경험과 외모 꾸미기 문화 속에서 이를 노동의 전망으로 인식한다. 다양한 소비 경험은 또래 사이에서 패션 뷰티 분야에 자질이나 능력이 있는 것으로 인정받는 계기가 되어 자신감을 가져다준다. 여성들이 오랫동안 수행해 온 소비자 역할에서 익힌 소비자로서의 기술과 지식은 진화하는 소비자 문화 속에서 새로운 가치를 부여받고 있으며, 여성들이 마케팅 영역을 포괄하는 서비스 직종으로 더 쉽게 진입할 수 있게 한다.

페북 스타와 같이 쇼핑, 미용, 패션 분야에서 일하는 여성에게 요구되는 노동은 여성 자신의 몸을 통해 드러나며 여성으로의 주체화 과정에 깊숙이 개입한다. 팔로워와의 실시간 커뮤니케이션 능력을 필요로 하며, 자신만의 노하우를 일

---

[1] Arlie Russell Hochschild, *The Managed Heart: Commercialization of Human* (Berkeley, CA: University of California Press, 1983), 6: [국역본] 앨리 러셀 혹실드, 『감정 노동: 노동은 우리의 감정을 어떻게 상품으로 만드는가』(이매진, 2009).

종의 콘텐츠로 공개하려면 소비 경험을 지속적으로 축적해야 한다. 그런데 이 기술과 지식은 주로 정규 교육을 통해 얻을 수 있는 것이 아니다. 오히려 자기계발적인 문법의 적극적인 수용과 실천, 여성 잡지 혹은 이와 관련된 다양한 미디어 콘텐츠, 일상화된 소비, 옷과 인테리어용 소품이나 가구 쇼핑, 여기저기 돌아다니기 등의 일상적 활동으로 획득된다. 즉 '여성'으로서, '여성 주체'를 구성하는 과정을 통해서 비로소 축적될 수 있다.

패션, 뷰티 분야 노동으로 진입하고자 하는 많은 여성은 신자유주의적 문화로 재조정되는 과정에서 일종의 '자기 표현적 노동(self-expressive work)'[2]에 대한 욕망을 실현하고 싶어 한다. 신자유주의적 노동 문화가 만들어내는 자기계발, 자기관리, 꿈의 실현에 대한 주체화의 과정 속에서 페북 스타의 노동은 단지 문화적 차원의 영향력으로만 머물지 않는다. 10대 여성의 디지털 노동은 '여성다움'을 재성별화할 뿐 아니라 여성화된 노동시장을 분리적으로 구축하고 노동시장 전반에서 여성의 외모, 감각에 대한 필요성을 형성하면서, 끊임없는 소비와 자기통제로 이끌고 있다. '소녀성'에 대한 실천과 자기 통제적 열망 속에서 10대 여성이 소녀성 산업에서 발견한 노동시장은 성별화된, 여성화된 노동의 장이다. 새롭게 발

---

2   Angela McRobbie, *Be Creative*.

견한 이 전망 있는 노동의 영역에서 10대 여성은 기꺼이 성별화된 주체로 나아가고 있다.

참고문헌

김예란, 「디지털 창의노동: 젊은 세대의 노동 윤리와 주체성에
관한 한 시각」, 『한국언론정보학보』 69(2015): 71-110

민가영, 「신자유주의 시대 신빈곤층 10대 여성의 주체에 관
한 연구」, 이화여자대학교 여성학과 박사학위청구논문
(2008).

양창렬, 조르조 아감벤, 『장치란 무엇인가? 장치학을 위한 서
론』(난장, 2010)

이항우, 「동료 생산(peer production)과 시장: 디지털 공유 모
델의 의의와 한계」, 『경제와 사회』 9(2013): 153-183.

프리가 하우그, 『마돈나의 이중적 의미: 슬래이브걸과 일상적
성사회학』, 박영옥 역(인간사랑, 2019)

Andrejevic, Mark, "The work that affective economics
does," *Cultural Studies* 25 (2011): 4-5, 604-620.

Andrejevic, Mark, "Surveillance and alienation in the
online economy," *Surveillance & Society 8* (2011):
278-287.

Andrejevic, Mark, "Exploitation in the data mine," in

ed. by Christian Fuchs, Kees Boersma, Anders Albrechtslund, Marisol Sandoval, *Internet and Surveillance: The Challenges of Web 2.0 and Social Media* (London: Routledge, 2013), 71–88.

Arvidsson, Adam, "Value in Informational Capitalism and on the Internet", *The Information Society: An International Journal* 28(3) (May 2012): 135–150.

Baym, N. K., "The emergence of on-line community," in S. Jones (ed.), *Cybersociety 2.0: Revisiting computer-mediated community and technology* (Thousand Oaks, CA: SAGE, 1998), 35–68.

Bucher, Taina, "Want to be on the top? Algorithmic power and the threat of invisibility on Facebook," *New Media & Society* 14 (2012): 1164–1180. http://dx.doi.org/10.1177/1461444812440159

Dean, Jodi, "Communicative Capitalism: Circulation and The Foreclosure of Politics," *Cultural Politics* 1(1) (Mar 2005): 51–74, 23.

Dean, Jodi, "Whatever Blogging," in ed. by Trebor Scholz, *Digital Labor: The Internet as Playground and Factory* (London: Routledge, 2012).

Deleuze, Gilles, "Postscript on the Societies of Control," in ed. by Imre Szeman & Timothy Kaposy, *Cultural*

Theory: An Anthology (Hoboken, New Jersey: Wiley-Blackwell, 2010), 139-142.

Driscoll, Catherine, *Girls: Feminine Adolescence in Popular Culture & Cultural Theory* (NY: Columbia University Press, 2002).

Foucault, Michel and Gordon Colin, *Power/Knowledge: Selected Interviews and Other Writings, 1972-1977*, ed. by C. Gordon (NY: Pantheon Books, 1980): [국역본] 콜린 고든, 『권력과 지식: 미셸 푸코와의 대담』, 홍성민 옮김 (나남, 1991).

Foucault, Michel, *Technologies of the Self: A Seminar with Michel Foucault* (ed. by Luther H. Martin, Huck Gutman, Patrick H. Hutton) (MA: University of Massachusetts Press, 1988): [국역본] 미셸 푸코, 『자기의 테크놀로지』, 이희원 옮김(동문선, 1997).

Fuchs, Christia, *Social Media: A Critical Introduction* (Thousand Oaks, CA: SAGE Publications Ltd, 2013).

Fuchs, Christia, *Culture and Economy in the Age of Social Media* (London: Routledge, 2015).

Gill, Rosalind, "Postfeminist media culture: Elements of a sensibility," *European Journal of Cultural Studies* 10(2) (May, 2007): 147-166.

Gehl, Rovert. W., *Reverse Engineering Social Media:*

Software, Culture, and Political Economy in New
Media Capitalism (Philadelphia: Temple University
Press, 2014).

Hine, Christine, Virtual Ethnography (Thousand Oaks,
CA: SAGE pub, 2000).

Jarrett, Kylie, Feminism, Labour and Digital Media: The
Digital Housewife (London: Routledge, 2016).

Jones, Steven (ed.), Cybersociety 2.0: Revisiting Computer-
Mediated Community and Technology (Thousand
Oaks, CA: Sage, 1998).

Kendall, Lori, Hanging Out in the Virtual Pub:
Masculinities and Relationships Online (Berkeley,
CA: Univ. of California Press, 2002).

Machin, David & Thornborrow, Joanna, "Branding and
Discourse: The Case of Cosmopolitan," Discourse
&Society 14(4)(2003): 453-471.

McRobbie, Angela, "Post-feminism and Popular
Culture," Feminist Media Studies 4(3) (2004): 255-
264.

McRobbie, Angela, Aftermath of Feminism (Thousand
Oaks, CA: SAGE, 2009).

McRobbie, Angela, Be Creative: Making a Living in the
New Culture Industries (London: Polity, 2016).

Murthy, Dhiraj, "Digital Ethnography: An Examination of the Use of New Technologies for Social Research," *Sociology* 42(5) (2008): 837-855.

Pasquale, Frank, *The Black Box Society: The Secret Algorithms That Control Money and Information* (Cambridge: Harvard University Press, 2015).

Pink, Sarah, *Doing Visual Ethnography* (Thousand Oaks, CA: Sage, 2001).

Pink, Sarah & Leder Mackley, K., "Saturated and situated: expanding the meaning of media in the routines of everyday life," *Media, Culture & Society* 35(6) (2013): 677-691.

Postill, John & Pink, Sarah, "Social Media Ethnography: The Digital Researcher in a Messy Web," *Media International Australia* 145(1) (2012): 123-134.

Ruhleder, Karen, "The Virtual Ethnographer: Fieldwork in Distributed Electronic Environments," *Field Methods* 12(1) (2000): 3-17.

Scholz, Trebor (ed.), *Digital Labor: The Internet as Playground and Factory* (London: Routledge, 2012).

Serazio, Michael, *Your Ad Here: The Cool Sell of Guerrilla Marketing* (NY: New York University Press, 2013).

Smythe, Dallas W., "On the Audience Commodity and Its Work," *Media and Cultural Studies: Keyworks*, (Hong Kong: Blackwell Publishing, 1981), 230-256.

Terranova, Tiziana, "Free Labor: Producing Culture for the Digital Economy," *Social Text* 18(2)(2000): 33-58.

Terranova, Tiziana, *Network Culture: Politics for the Information Age* (London: Pluto Press, 2004).

Virilio, Paul, "Speed and Information: Cyberspace Alarm!," *ctheory* 18(3) (1995): 8-27.

Ward, Katie J., "Cyber-Ethnography and the Emergence of the Virtually New Community," *Journal of Information technology* 14(1) (1999): 95-105.

페북 스타가 된 소녀들

1판 1쇄 2024년 11월 20일

지은이 김애라
펴낸이 김수기

펴낸곳 현실문화연구
등록 1999년 4월 23일 / 제2015-000091호
주소 서울시 은평구 불광로 128 배진하우스 302호
전화 02-393-1125 / **팩스** 02-393-1128 / **전자우편** hyunsilbook@daum.net
ⓗ blog.naver.com/hyunsilbook   ⓕ hyunsilbook   ⓧ hyunsilbook

ISBN 978-89-6564-301-2 (03300)